作者简介：

邹统钎

男，1964年生，南京大学管理学博士，旅游学教授，现任北京第二外国语学院校长助理、研工部部长、研究生处处长，中国"一带一路"战略研究院执行副院长、中国遗产旅游研究中心主任、首都旅游协调与区域合作研究中心主任，《世界遗产》专家委员会委员，《旅游科学》编委。

世界旅游城市联合会专家委员会副主任（2013）、亚太旅游协会旅游教育与培训委员会委员（2013）、中国国土经济学会副理事长（2016）、中国旅游协会旅游教育分会副会长（2013）、国家社会科学基金委员会管理科学评审专家（2014）、国务院学位委员会首届全国旅游管理专业学位研究生（MTA）教育指导委员会委员（2010）、教育部旅游管理类专业教育指导委员会委员（2013）、北京旅游学会副会长（2012）、教育部首批全国黄大年式教师团队负责人（2018）、北京市"长城学者"（2012）、北京市级高校教学名师（2007）、北京市优秀教师（2008）、"四个一批"人才（2009）。国家级精品资源共享课程"旅游景区经营与管理"负责人（2013）、国家级精品课程"旅游景区经营与管理"负责人（2010）、国家"十二五"规划教材《旅游景区开发与管理》主编（2012）、旅游管理国家级特色专业负责人（2010）、旅游管理北京市级优秀教学团队负责人（2008）。

主持UNESCO、国家自然科学基金、国家社会科学基金、教育部人文社科基金、国家科技支撑计划等多项课题。

研究领域：旅游目的地开发与管理、旅游景区管理、遗产旅游、乡村旅游。

健康养生旅游经典案例

Classic Cases of Health and Wellness Tourism

邹统钎 主编

本书得到以下项目支持：
- 国家自然科学基金项目——基于地格视角的旅游目的地品牌基因选择研究（项目编号：71673015/G031031）；
- 2017北京市宣传文化高层次人才培养资助项目——京津冀大型文体旅游活动合作机制研究（项目编号：2017XCB024）；
- 2018年北京社科规划基地项目——全国文化中心建设的文化与旅游融合机制研究。

旅游教育出版社

·北京·

策　　划：赖春梅
责任编辑：贾东丽

图书在版编目（CIP）数据

健康养生旅游经典案例 / 邹统钎主编. -- 北京：旅游教育出版社，2018.8（2019.7重印）

ISBN 978-7-5637-3799-4

Ⅰ．①健… Ⅱ．①邹… Ⅲ．①旅游产品－研究 Ⅳ．①F590.7

中国版本图书馆CIP数据核字(2018)第179555号

健康养生旅游经典案例

邹统钎　主编

出版单位	旅游教育出版社
地　　址	北京市朝阳区定福庄南里1号
邮　　编	100024
发行电话	（010）65778403　65728372　65767462（传真）
本社网址	www.tepcb.com
E - mail	tepfx@163.com
排版单位	北京旅教文化传播有限公司
印刷单位	北京虎彩文化传播有限公司
经销单位	新华书店
开　　本	710毫米×1000毫米　1/16
印　　张	8.25
字　　数	107千字
版　　次	2018年8月第1版
印　　次	2019年7月第2次印刷
定　　价	52.00元

（图书如有装订差错请与发行部联系）

前　言

在大众旅游新时代，随着生活水平的提高，人们普遍不再满足于走马观花式的观光旅游；面对不断出现的严峻养老形势、疾病和亚健康等问题，人们的健康和养老危机意识在不断增强，人们将目光投向了以身心放松为目的的健康养生旅游。根据投行瑞信发布的报告数据显示，到2016年我国中产阶级人数已达1.09亿名，超过美国，居全球第一位。与中产阶层一起成长的是他们的消费诉求，在大众旅游时代，旅游消费观念升级，中产阶层越来越愿意、也有能力花更多的钱去购买优质、独特的旅游消费体验，在旅游休闲度假中，健康养生旅游迎来了蓬勃发展时期。全球康养峰会数据表明，2017年全球康养旅游市场收益约达6785亿美元，相比2012年的4386亿美元的市场收益，足足增加了将近2400亿美元。韩国的美容、日本的体检、欧洲的氧疗、印度的瑜伽，市场上的健康养生旅游产品在不断推陈出新，在2016年的全球康养旅游市场上，加拿大领跑全球，其次是英国与以色列，在全球前40名中，出现了巴拿马、摩洛哥、约旦、突尼斯、菲律宾等新兴康养旅游国家，康养旅游市场竞争日益激烈。

我国继2015年提出建设"美丽中国"之后，"健康中国"战略呼之欲出，被首次写入政府工作报告，并上升为国家战略。相比欧美等国家，我国康养旅游尚处于起步阶段。2016年1月国家旅游局（现文化和旅游部）颁布的《国家康养旅游示范基地标准》将康养旅游界定为"通过养颜健体、营养膳食、修心养性、关爱环境等各种手段，使人在身体、心智和精神上都能达到自然和谐的优良状态的各种旅游活动的总和"，并确定了首批5个"国家康养旅游示范基地"。《大健康十大投资热点市场规模预测》显示，截至2016年，我国大健康产业的规模近3万亿元，居全球第一位，预计未来五年，养生旅游市场年复合增长率有望达到20%，市场规模将达到1000亿元左右。

本书精选出国内外10个健康养生旅游的经典案例，分为健康养生旅游城市、健康养生旅游度假区、健康养生旅游酒店三大部分，从区域资源概况、产业发展历程、产业核心特色、产业发展方向等多角度来综合评述，丰富健康养生旅游开发与管理的理论与实践。

本书由邹统钎拟定大纲，统一组织编写，邹统钎、晨星负责统稿与文字编辑。具体分工如下：第一章，王宁；第二章，韩雨桐；第三章，晨星；第四章，韩雨桐；第五章，李婳婳；第六章，李婳婳；第七章，王宁；第八章，张一帆；第九章，张一帆；第十章，晨星。

同时，本书得到以下项目的支持：国家自然科学基金（项目编号：71673015/G031031）"基于地格视角的旅游目的地品牌基因选择研究"项目；北京市社会科学基金（项目编号：15JDJGA006）"'一带一路'背景下京津冀旅游一体化战略研究"项目；教师队伍建设——组织部高创计划教学名师（市级）（PXM2016_014221_000010_00206291_FCG）项目；北京市委宣传部北京市宣传文化高层次人才（四个一批）培养资助项目——京津冀大型文体旅游活动合作机制研究。

2016年在四川眉山洪雅举办的"中国旅游发展·北京对话"开启了我对健康养生旅游的系统而深入的研究。感谢Cornell Institute for Healthy Futures, Global Wellness Institute 与 Stanford Research Institute 等国际健康养生机构的导引，感谢新奥集团、新华联集团、祥瑞斯佳、华夏基金等机构的帮助。感谢旅游教育出版社赖春梅主任的不断督促与出版建议及责编贾东丽老师的精心编辑。

邹统钎

2018年1月1日于北京市朝阳区定福景园

目　录

健康养生旅游城市篇

第一章　意大利奥尔维耶托（Orvieto）小镇
　　——世界上第一个慢城 ·················· 004

第一节　城市概况：中世纪慢城 ················ 004
第二节　小镇发展理念：慢餐运动、慢行城市 ········ 006
第三节　经营方式与政策保护：本土传统的觉醒 ······ 011

第二章　南京高淳桠溪——中国第一个"国际慢城" ······ 013

第一节　城市概述：慢城之源 ················· 013
第二节　城市发展历程：质朴秀美的生态旅游之城 ····· 014
第三节　城市运营体系：缔造慢城核心品牌 ········· 016
第四节　城市特色：人与自然和谐发展的生态之城 ····· 018
第五节　未来展望 ························ 020

第三章　广西富川瑶族自治县福利国际慢城——山水佳丽之地 ····· 024

第一节　福利国际慢城概况：人文昌盛之地 ········· 024
第二节　福利慢城核心特色：山环水绕的国际慢城 ····· 028
第三节　福利国际慢城发展现状：产业发展亟待升级 ··· 028
第四节　福利国际慢城的旅游发展策略 ············ 030

第四章　英国勒德罗——最繁华的慢城 ············ 033

第一节　城市概况：喧闹水边的小山 ············· 033

第二节　城市发展历程：从小镇到城市 …………………………… 034
第三节　城市运营体系：和谐有序的社区秩序 ………………… 036
第四节　城市发展特色：古韵仙境 ………………………………… 037
第五节　未来展望 ……………………………………………………… 040

健康养生旅游度假区篇

第五章　美国太阳河度假区——度假与居住的完美结合 …………046
第一节　初识"太阳河"：全方面多功能社区 …………………… 046
第二节　产品体系：四大体系完美结合 …………………………… 047
第三节　功能布局：以游憩为核心，多点联动发展 …………… 051
第四节　经营策略：全方位可持续建设 …………………………… 054
第五节　太阳河度假区发展模式总结 ……………………………… 057

第六章　法国依云小镇度假区——阿尔卑斯山畔的童话小镇 ………059
第一节　区域概况："神水"滋润的欧洲小镇 …………………… 059
第二节　依云小镇发展历程：因水而生，因水而盛 …………… 060
第三节　依云小镇产品特色：疗效神奇的依云水 ……………… 062
第四节　经验总结与未来展望 ……………………………………… 064

第七章　四川洪雅七里坪国际度假区
　　　　——北纬30°上的又一奇迹 ………………………………069
第一节　概况与资源特色：寂静小山村的成长 ………………… 069
第二节　度假区建设运营体系：为让一木，退避三舍 ………… 073
第二节　度假区产品特色：山居禅意 ……………………………… 075
第四节　未来发展方向：多元业态融合 …………………………… 079

健康养生旅游酒店篇

第八章　奥地利Xundheitswelt（健康世界）国际养生度假区 ……084
第一节　Xundheitswelt概况 ………………………………………… 084
第二节　度假区的定位：自然、健康与心灵幸福 ……………… 085

第三节　定位的落实——系统的产品架构 …………………… 086
　　第四节　定位策略的启示 …………………………………………… 089

第九章　泰国奇瓦颂健康养生度假村
　　　　　——"世界最专业疗养胜地" ……………………………… 090
　　第一节　奇瓦颂简介 ………………………………………………… 091
　　第二节　养生体系的构建 …………………………………………… 092
　　第三节　养生主题的演绎 …………………………………………… 098
　　第四节　生态形象的树立 …………………………………………… 100
　　第四节　案例总结：美体组合式养生 ……………………………… 102

第十章　印度阿南达喜马拉雅度假村
　　　　　——抵达身、心、灵的完美和谐 ………………………… 104
　　第一节　阿南达喜马拉雅度假村概况：世界顶级的 SPA ……… 104
　　第二节　阿育吠陀：身心和谐的完美统一 ………………………… 105
　　第三节　阿南达喜马拉雅度假村的产品体系：修心养生之旅 … 106
　　第四节　阿南达喜马拉雅度假村发展特色：释放压力，调养身心 …115

参考资料 …………………………………………………………………… 117

健康养生旅游城市篇

"国际慢行城市（Slow Cities）"是在 1999 年兴起于意大利的一种新兴的城市模式，随后在欧洲的许多国家及亚洲的部分国家中传播开来，其旨在建立一种放慢生活节奏的城市形态。慢行城市（以下简称慢城）追求绿色、可持续、节奏悠闲舒适的高品质生活方式，提倡传承传统地域文化、维系地方特色的社区形态，为目的地居民及游客提供一个悠闲惬意的栖居之所。根据世界慢城联盟的规定，获评的城镇、村庄、社区必须人口在五万以下，追求绿色生活方式，反污染，反噪声，支持都市绿化，支持传统手工方法作业，不设快餐区和大型超市。

慢城起源于慢餐运动。1986 年，一位以激进闻名的意大利记者正漫步在罗马的西班牙广场（Piazza dispagna），这时从附近的麦当劳里飘出的薯条味让他心生厌恶，于是这名记者发起了一个名叫慢餐的运动。慢餐运动倡导的是使食物健康、营养的本土种植、本地烹调的回归。1989 年，巴黎喜剧院集聚了来自 20 个国家的 500 多名慢餐会员代表，这些与会代表共同签署了"慢餐协会宣言"。

1999 年 10 月，意大利的布拉、格里韦、奥尔维耶托、波西塔诺四个小城的市长联合发起了"慢城运动"，并决定将慢食运动哲学的运用与当地的社区、政府和日常生活实践相结合，保护全球化背景下的地方特色并且致力于提高居民的生活质量。意大利的这四个小城的市长第一次明确定义了"慢城"，成立慢城协会，并公开发表了《国际慢城宪章》。意大利的这四个小城市成为最早的慢城，慢城运动应运而生，世界慢城联盟等推进组织也已建立完备。

如今，在欧洲及欧洲以外的地方慢城已具有相当的规模，越来越多的城市加入了慢城协会。从 1999 年在意大利只有 1.5 万人的小城市布拉提出建立一种新的城市模型起源至今，世界慢城联盟已在 28 个国家发展有 180 多个成员，还有超过 300 座城市正在寻求加入世界慢城组织。同样，中国许多城市也在积极加入世界慢城联盟，以取得战略性发展。

在 2010 年 11 月于苏格兰召开的国际慢城会议上，南京高淳桠溪以"生态之旅"被正式授予"国际慢城"的称号，成为我国首个"国际慢城"，引发国内学术界对"国际慢城"这一新兴理念的关注与思考。2013 年，在土耳其萨菲里希萨尔（Seferihisar）市举行的国际慢城 2013 年年会上，国际慢城联盟同意高淳成为慢城中国总部。2014 年 6 月 19 日，广东省梅州市梅县区雁洋镇正式加入国际慢城联盟，成为我国继南京高淳桠溪镇之后的第二个国际慢城。2015年7月，在意大利米兰召开的国际慢城联盟年会上，山东曲阜石门山镇作为集文化旅游、创意产业、生态旅游、慢活休闲于一身的儒家文化特色旅游目的地，被正式授予国际慢城称号，成为继江苏省高淳区桠溪镇和广东省梅州市雁洋镇后中国大陆第三家国际慢城。2015年11月，广西富川瑶族自治县福利镇国际慢城凭借优越的自然生态和浓厚的人文景观顺利通过认证，正式加入国际慢城联盟，成为中国第四个、广西第一个国际慢城。此前，国际慢城总部考察团给出评价：福利镇在快和慢之间找到了一种平衡，符合"国际慢城"的标准。

根据《国际慢城宪章》，国际慢城有其严格的标准。联盟规定，慢城必须在城市人口、城市发展规划、环境政策、食品生产甚至青少年教育方面满足宪章的具体规定。

慢城理念旨在向全球传达一种新兴的城市模式和哲学，其试图在现代化的城市中，强调重视生活的品质、人与自然的和谐发展，强调在悠闲的生活节奏中回归生活纯真的本质与体会生命不凡的意义；寻求现代技术与传统生活方式的有机结合，让人们不仅可以全面享受到现代化带来的便利之处，更能充分享受生活的情趣，拥有规律、健康的幸福生活。慢城理念的教育作用，让人们明白对于生活的可替代选择而言，慢城是一种引导城市经济的模式与方法，也是一种通过以解决环保、经济发展和社会公平来实现可持续发展的方法。

慢城的核心在于倡导纯粹的生活，保护当地特色，对伴随全球化而来的标准化和同质化说不，它推崇的不仅是一个将城市步调调整为"由快到慢"的精英生活模式，而且还是全民参与的、试图重塑都市生活方方面面的平民运动——慢城在努力创造一个环境，让人可以抵抗住依赖时间与凡事求快的压力，并同时提倡保护地方特色传统以及文化的多样性以提高城市生活质量，让城市更加宜居。

在慢城不断发展的今天，围绕慢城的慢生活中心，延伸出慢居、慢学、漫游、慢工、慢养等多元素文化内涵，慢城文化得到不断丰富、发展。

第一章 意大利奥尔维耶托（Orvieto）小镇
——世界上第一个慢城

第一节 城市概况：中世纪慢城

一、地理位置：山顶上的石头小城

意大利目前有55座慢城，其中之一是翁布里亚地区的奥尔维耶托。这座石头古城位于意大利罗马以北120公里处，正好处于罗马和佛罗伦萨这两大文艺复兴城市的中间，它建在一座隆起的火山岩构成的山顶上，周围是田园牧歌般的富饶的翁布里亚风光。

整个小城分为地上城和地下城两部分。城市建筑由当地石灰岩块建成，由于地形的限制使得奥尔维耶托逃过了工业革命的污染，奥尔维耶托的街道有很多小的广场，最壮观的是大教堂门前的广场。现在奥尔维耶托小镇每年接待约200万的游客。

二、历史文化：教皇的避难所

这是一座典型的意大利小城，人口为2万人，拥有超过3000年的悠久历史。在11世纪，奥尔维耶托成为当时众多城邦中的一个，这些城邦主宰了意大利的历史，直到1870年统一的意大利王国建立为止。这座城市甚至在历史上曾经短暂地被选为天主教教皇的居住地。在意大利历史上的伊特鲁里亚古国时代，这里是一个要塞，曾经被罗马人洗劫，被哥特人蹂躏，后来被伦巴底家族占据。在中世纪的繁荣当中，它曾与佛罗伦萨和西耶那竞争出海口，又被教皇党和皇帝党争夺。1527年"罗马浩劫"的时候，教皇逃到了奥尔维耶托，这座位于山顶上的石头小城一度成为教皇的避难所。

市内有一座著名的大教堂，在这座保存完好的、具有历史风貌的城镇中起主导视线的作用，它规模庞大，是14世纪乌尔班四世下令建造的，以纪念博尔塞纳的圣体布的神迹。据说在1263年，在附近的博尔塞纳镇，一位旅行来此的神父怀疑变质说，结果发现他的祭饼流了很多血，以致玷污了祭坛布。这块布现在存放在主教座堂的圣体布礼拜堂。

三、意大利文化：生活方式的慢哲学

慢城奥尔维耶托的主要建筑特色体现在中世纪的建筑和街道上。在中世纪的核心区进行严格的交通管制，城中很多街道都是步行街。奥尔维耶托的慢体现在居民生活的每个角落：小镇的交通系统是慢行系统，所有的汽车都停在镇外的一个巨大的停车场；这里的人喜欢慢慢品味他们的牛肉和葡萄酒；小镇街道两边充满了手工艺店，人们用心灵去享受艺术；当地居民长期以来有着漫长的午睡传统。

四、主要产业：葡萄酒与旅游

奥尔维耶托的地方经济主要是葡萄酒酿造业和旅游业。数以百计的私人葡萄酒酿造厂一直都在出产着意大利最好的一种葡萄酒。在欧洲，凡是酿得出好酒的地方，当地的美味佳肴就会成为一种传统。奥尔维耶托以其悠久的历史、优美的城镇风貌和美酒佳肴吸引着意大利和欧洲其他国家的游客，也成为一些人的第二家园。善解人意的市民和地方决策者的目标，是保护田园牧歌般的景观，维持以食品产业和旅游业为主的地方经济。罗马和佛罗伦萨这两座大城市都在距其不远的地方。这座城市的经验充分证明了，即便是一座小城市，也能够在市场取向的全球化经济中生存。奥尔维耶托以智慧的方式利用当地资产，对环境给予大量关注，同时，地方决策者成功说服了市民接受他们签署的宪章所设定的目标，并且为持续实施这些目标做出自己的贡献。

第二节 小镇发展理念：慢餐运动、慢行城市

一、慢餐运动：怀旧情结

（一）定 义

慢城最初由意大利的"慢食运动"发展而来。这里，"慢食（slowfood）"，不单指慢慢吃，更是指以当地农产品为食材，强调慢慢享受当地美食的方式和态度，以此抵制麦当劳式的快餐和速食文化。

慢餐运动大力倡导优良的地域性的烹饪方法，即利用地域性的材料，如当地蔬菜、肉类和其他农产品，按照具有地方特色的传统食物制作方法和配方制作菜肴。时至今日，奥尔维耶托仍然保留着每周的慢餐活动，对食品的尊重背后，体现的是意大利人民对自然的生活方式孜孜不倦的追求。这种精神在历史运动中不断推进，最终导致出现了今日所见的世界上第一个慢城——奥尔维耶托。

（二）对慢节奏生活的"怀旧情结"

20世纪的两次世界大战对人类遗产、生态环境造成了毁灭性的破坏，同时也把人们引入对工业化和现代化的反思中，"怀旧（nostalgia）"情结在此过程中被催生出来，保护传统文化成为一种共识。

全球化进程的加快，导致文化的趋同性日渐明显。传统的地方美食（包括地方食材、传统烹饪方式、享受地方美食的方式等）式微，代之而起的是快餐文化的全球普及和人们的快节奏生活。值得一提的是，传统的地方美食代表了一种特定的地方感、集体记忆、精神家园乃至"地方性知识（local knowledge）"，人们以此来追溯共同的过去和确认自我，而这些是快餐所没有的。

南欧的意大利，历史上受阿拉伯游牧文化的影响深远，这里的人们"一直持某种随意、不大讲究效率的生活态度"，因而对快节奏的现代文明较早产生了质疑。

（三）发展历程——一场由麦当劳导致的游行

1986年春，跨国快餐集团麦当劳筹划在罗马的著名景点西班牙阶梯

（Piazzadi Spagna）旁边开设一家麦当劳。开幕当天，一些好奇的意大利青年特地赶来大嚼汉堡，而在一旁以卡罗·佩屈尼（CarloPetrini）为首的示威游行队伍则对麦当劳提出了抗议。当麦当劳文化着手进入意大利时，人们抵制麦当劳和速食文化，并在库内奥省的巴洛洛发起成立了"意大利慢食协会"。此后，"慢食运动"与城市发展的联系日益密切，最终促成了"慢城"的概念。

反观当前多数的现代城市，它们以高科技、现代化、超级市场、高效快捷的快餐等为特征。在经济"快发展"的表象下潜藏着许多的弊病，如千城一面，城市文化的趋同化，城市污染的日趋严重，人们心理压力过重，归属感、自豪感和自信心的缺失，等等。城市和城市中的人们迷失在"快发展"的城市模式中。回归原始社会的净土成为城市人民内心的渴望和精神寄托，这也成为催生奥尔维耶托"慢城"的原动力之一。

二、慢城运动：人、自然与文化的统一

（一）慢城标准

1999 年 10 月，位于意大利托斯卡纳基安蒂地区的格里韦、奥尔维耶托、布拉和波西塔诺 4 个小城联合发起一场"慢城运动"，并发布了著名的《慢城运动宪章》："慢食，一个在生活品质（尤其味觉体验）上已经树立全球影响力的组织，和那些同样有此特质的城市一起，决定建立一个全球慢城联盟。从现在开始，每一个慢城将会拥有一个确定的编号。基于此，所有的慢城将共同分享美食、宜人服务和设备以及城市品质方面的所有体验。"

《国际慢城宪章》明确规定：1.慢城市的人口总数应该不超过 5 万人。2.慢城市必须在所有的公共设施和尽可能多的私人设施上张贴"蜗牛"标识，以直观形式主义倡导"慢生活"理念。3.慢城市必须限制汽车的使用，汽车在城市街道行驶速度不得超过 20km/h。4.慢城市必须有一个噪声管理系统，广告牌和霓虹灯要尽可能的少。5.慢城市必须有一套环保的城市污水生态处理系统。6.慢城市在全球化的背景下，必须保证城市的个性，特别是保护具有地区象征性意义的产品。7.慢城市必须定期接受"慢城市国际协会"的检查，以保证上述指标被严格执行。

（二）意义和内涵

通过慢城建设，让人们的生活节奏回归自然，在保证轻松生活的同时追

求可持续发展，在洁净的自然环境中，享受地方风味和民俗文化，重获文化自信与生活品质。

慢城的内涵恰恰体现在城市的独特地方感、持续健康的生态环境、地方食材和美食，独特的传统生产工艺以及民众的文化自信等方面。需强调的是，"慢城"之"慢"，并不是指时间之慢，而是指特定的地方以一种可持续（sustainable）的、有效率的发展方式行进的，不以牺牲环境为代价的低碳（low-carbon）发展方式，并且尊重当地居民的意见和选择（option），进而实现居民的幸福富有（wealthy）。"地方""可持续""低碳""选择"和"富有"是其着重点。

另外，从个人和社会两方面来看，慢城首先体现出人们对待生活和文化传统的态度，这表现在慢城尊重人的诉求，倡导人们在慢生活的节奏中提高生活质量，保留文化传统，以此使得慢城的独特价值和个性特征代代相承。就社会而言，慢城则是一种生态哲学和新的城市哲学，这表现在：慢城强调社会是人与自然、文化的统一体，是相互作用的动态系统；强调社会的发展必须以文化传承和生态环境的保护为前提，进而实现慢城的可持续发展。

三、小镇特色：最富戏剧性的慢城

慢城运动或许可以被视作古老欧洲的一朵奇葩，对城市来说是一种回归过去的概念，然而，慢城运动远不止这些。对于那些无力与繁荣发展的城市区域相竞争的小城市来说，这是一种战略性的概念。慢城理念是一种自下而上的概念，并不是由中央政府自上而下强制推行的，其实施完全依赖于地方积极性以及当地的市民社会。

偏远的区位使得奥尔维耶托错过了工业革命的产业列车，但造就了一个"最富戏剧性"的慢城，具体特色如下：

（一）封闭的慢行系统——台地地形

奥尔维耶托的高地地形限制了其城市建筑及道路的修建，所以大部分建筑从公元前就一直保留到现在。放眼望去，城里没有现代化的高楼大厦，有的只是低矮的传统建筑。地形还限制了车辆的使用及道路交通的容量，车辆统一隐藏在市中心公园和广场的巨大地下停车库，游客通过隐藏在石墙内的电梯直接进入市中心。

（二）步行的尺度：因地制宜的慢交通方式

城内不能停车，只有行人徒步区。小镇中仅允许步行尺度的游览活动，从3月到10月，小镇中提供多摩大教堂慢游（Duomo Tour）和奥尔维耶托慢行（Orvieto Walk）两种游览形式。小镇限制小汽车的行驶速度，禁止汽车鸣笛，汽车在城市街道的行驶速度不得超过20km/h。

（三）传统的生活方式——慢餐、慢行、午睡传统

城内每周五晚举办慢餐晚餐，强调使用当地传统的餐具，当日不能卖速食（包括麦当劳、星巴克等连锁店和超市都被禁止）。提倡生产和采用天然的食材，保护当地美食传统，提倡融洽的邻里交流，希望人们有更多的时间关注家人和子女的教育。他们还建立了"Orti Sociali"，即一块分配给个人使用的公共土地，市民可以种植自己的蔬菜，从而保持与土地的亲近。为避免工作过度，每家小型食品店都会配合意大利传统，于星期四、星期天休业。"Ladolcevita（享乐的人生）"已是此地居民的生活准则——享乐重于获利、个人重于公司、缓慢重于速度。

（四）传统手工艺品："慢"的传统

奥尔维耶托注重保护当地的传统生产和手工艺，没有工业化的旅游商品纪念店和超级市场，人们完全食用当地农产品，店铺只出售传统地方手工艺品，如手工陶艺、有机香肠、手工巧克力、酿造葡萄酒，使用可再生能源，保留传统节日。

（五）"慢"旅游目的地——符合欧洲中产阶级的生活习惯

慢城是对精英化生活的时尚定义，古往今来，休闲一直都是上流社会的标志。在奥尔维耶托，居民总数2万余人，城里没有现代化高楼大厦，有更多的空间供人们散步，有更多的绿地供人们休闲，有更便利的商业供人们娱乐和享受，有更多的广场供人们交流。同时，奥尔维耶托古城也在有限度地使用一些现代科技成果，如互联网、电梯等。

在发展中奥尔维耶托进行了多方面的努力，如保护贩售当地农产品的商店、市场与餐厅；奖励环保科技；保护当地美学与美食传统；培养热情好客与敦亲睦邻的精神；保护环境，维持和发展本地区特有的环境和文化；合理发展利用土地；积极利用新技术来改善城市生活环境等。在这里旅行能彻底改变人们对都市生活的想法。"慢城"意识成为奥尔维耶托人对他们的家园拥有自豪感和文化自信心的集中体现。

四、慢城理念：令人满意的居所

慢城旨在成为令人满意的居住、工作和访问的场所，目标是支持当地的商业发展，培育当地的传统，保护环境，欢迎宾客，并且鼓励人们对社会生活的积极参与。每一座慢城都致力于实现一套有超过 50 个分项的目标和原则，这些目标和原则旨在改善该城镇的生活品质，并且提供了一系列切实可行的基准，借以衡量城镇发展的进程；此外，慢城还作为一种机制，促使当地社会各界人士携手并进，为改善他们的城镇而努力。国际慢城网络的会员资格严格限制在人口少于 5 万人的小城市，而且该城市还不能是区域的政治中心或行政中心。如果想要成为该网络组织的潜在成员，必须满足一套涵盖了广泛内容的标准。一旦这些城市被接受成为慢城网络的会员，则必须保证对这些标准的可持续性进行调控。成为慢城网络会员的城市，在特有的本土潜力的基础上，就可以逐渐形成自己的城市形象。正是这种潜力给予该城市某种独特的形象和品牌。也正是借由独特的品牌，才能使城市形象传播到区域之外，吸引访客、消费者、游客和媒体。因此，一座小城市尽管在规模和经济实力方面不及大城市，当然更不及大都市，但是，仍然能够从慢城商标中获益，从而在这个日益全球化的世界中得以生存。

慢城正在形成一种紧密的城市网络，并从参与这项运动中获益。它们从应对地方性挑战的成败得失中互相学习，分享项目发展和进程中的经验教训。当这些慢城尝试一些创新举措，例如能源节约、机动性政策，或者促进区域经济发展时，还可以就某种劳务分配达成协议。它们共同形成某种政治联盟，以此在区域和国家层面的规划和决策中清晰地表达自己特殊的关注点。

成为慢城网络的成员以及维持会员身份的过程，可以强化地方特性，促进地方发展政策的整合，鼓励市民参与到地方的发展中，另外，还有重要的一点，就是可以促进高品质旅游业的发展。慢城运动还明确无疑地可以促进区域经济循环，它的发展策略更倾向于区域内产品和服务的流动，而不是全球范围内的流动，故而可以促进区域内的前后连接。

第三节 经营方式与政策保护:本土传统的觉醒

一、经营方式:对传统最大限度地保留

奥尔维耶托的传统工匠、画家和制陶工人如今仍活跃在小镇的大小作坊内,成为外来游客了解慢城奥尔维耶托的一扇窗口。奥尔维耶托支持以山城的传统蜜蜂色灰色料粉刷房屋,慢城的学校午餐供应的都是当地有机食物。奥尔维耶托有专门的法律,禁止在限定的区域建立大型超市及出售快餐,学校的餐馆使用有机产品,而且强调使用当地传统餐具。

奥尔维耶托最著名的旅游商品是当地的白葡萄酒,其主要原料由当地的三种葡萄混合而成,加上当地火山岩中的神秘成分。生产白葡萄酒的是最富特色的意大利酒庄,它们依然固守着使用祖传秘方手工制作的方式。

二、政策保护:民主与地方自我可持续发展

奥尔维耶托作为《慢行城市章程》(或者叫作宪章)的起草者及国际慢城组织的总部,为自身行动及发展定义了七个政策领域,沿袭至今:

(一)环境政策

在城市中保护环境资源,保护大自然和尚未被破坏的自然栖息地,维护公园、河流和湿地。减少废弃物和采取环保的废物再循环利用也是重要的考虑事项;此外,还有饮用水资源的保护。倾向于节约能源的政策是至关重要的,这取决于当地的条件,尤其是再生能源利用的条件。"21世纪议程"的各项原则也是适用的。

(二)基础设施政策

创建适宜步行的城市是慢行城市的重要特征。因此,旨在减少小汽车使用的政策应当给予最高的优先权。这将有利于逐渐发展出对自行车友好的城市,在城市中心减少交通流量,创造出宁静的城市环境,促进便利的公共交通。

(三)城市生活

为了提高城市中的生活品质,慢行城市理念的一个核心就是促进城市生

活，其目标是积极复兴城市中心的都市生活。具体手段包括提升对城镇历史的了解和认识，遵从其经验，因为只有城镇的历史才能为一个繁荣的未来指明方向。

（四）宾客接待

宾客接待政策的目标在于使城市成为有吸引力的旅游目的地，它包括了所有种类的行动，即方便游客在城市中访古探幽以及使他们感到宾至如归的各种举措等。同时针对餐饮业、城市标识和指示牌、适当的停车设施以及良好的旅游信息服务等与游客接待相关的领域做出了相应的要求。

（五）促进本土化产品的发展

慢城理念的这一关键性要素与慢食哲学相关。它旨在促进生产具有地方特色的产品，以及将本地区的典型传统膳食重新引入百姓生活，它还包含了对于当地生产的食品的鉴赏。在当地集市、商店、餐馆、学校和私人经营店中积极推广本土化食品，成为各种本土化行动的组成部分。

（六）提升居民的慢城意识

全面提升当地民众关于慢城宗旨的意识是一件重要事项。这包括在所有类型的地方事件中推广这一理念，在学校、地方文化事件或营销活动中展示和体现慢城的特色。其终极目标是建立一种具有当地特色的公民意识，也就是在民众的日常活动和决策中遵循慢城理念所设定的目标。

（七）注重城镇和景观的品质

组成城镇景观的高建筑品质是一座慢城最基本的特征。因此，对于历史遗产的保护，以呼应环境的方式将新建建筑插入到城市肌理中，成为关键性的政策要素。最后一点，对周边地区景观的保护以及对城市建成区边缘的设计也是非常重要的，值得引起特别的关注。所有这一切都由慢城的标志象征性地表达出来。

这7个政策领域所展现的目标构成地方发展政策的行动领域，它为单独的项目和创新举措指出了7个关键的行动领域。一座慢城必须在这7个范畴内分别设立项目清单，在某种程度上，慢城宪章反映出民主与地方自我可持续发展的原则，其目的在于抵制全球化常常强加在地方社会的殖民地化和边缘化倾向。

第二章　南京高淳桠溪——中国第一个"国际慢城"

第一节　城市概述：慢城之源

速度至上、效率第一的理念在促进现代城市迅速发展的同时也带来了一系列弊端。严重的环境污染和生态破坏、急功近利的经济增长模式以及疲于奔命、压力重大的生活状态使得人们对于过速的生活方式产生了质疑。越来越多的人希望通过旅游这一行为，寻找一种放慢脚步的"慢生活"体验，"慢城运动"正是在这一时代背景下应运而生。慢城这个概念，早在1999年就由意大利所提出，但当2010年高淳桠溪在苏格兰国际慢城会议上被正式授予"国际慢城"称号时，这个概念才真正地被引入国内。桠溪镇作为中国第一个慢城，是一个展示东方智慧的国际化空间，同时也承担起探索"东方慢城标准"的重任，在新慢城的建设中起到示范性的作用。那么桠溪是个什么地方？它到底做了什么才能成为中国第一座慢城？它"慢"在何处？在发展上与一般的城镇相比有什么特别之处吗？

一、慢城之源

目前来看，"慢城"最官方的定义是国际慢城协会提出的，要点有以下几个：人口在5万以下的城镇、村庄或社区，反污染、反噪声，支持绿色能源，支持传统手工作业，没有快餐区和大型超市。

那么桠溪是如何被评选为国际慢城的呢？事情要从意大利波利卡市的市长说起。波利卡市市长安杰罗瓦萨罗在任职期间又同时担任了世界慢城联盟的副主席一职。高淳县（现高淳区）跟波利卡市是友好城市，所以波利卡市市长经常有机会到访高淳，他第3次到高淳时，参观了高淳桠溪的"生态之旅"。当时的他完全被眼前的美景惊呆了，认为桠溪绝对符合"国际慢城"的标准。在他的指导下，高淳积极做了申报工作，并于 2010 年 11 月 27 日，被国际慢城联盟授予"国际慢城"的称号，成为国内首个国际慢城。

二、桠溪地理环境

桠溪镇位于南京市高淳区的东部，东与溧阳市交界、南距安徽郎溪定埠镇 8 公里、北与溧水区毗连。全镇总面积 115 平方公里，人口约 5 万人。

桠溪处于亚热带气候区，气候温和、四季分明、雨量充沛、日照充足、土地肥沃。北部是丘陵山区，竹木环绕，山清水秀；南部多为水乡，水产资源十分丰富，特种水产发展迅速。三分山、两分水、五分田，桠溪拥有着生态黄金比例。

桠溪交通便利，高淳拥有独特的区位条件，宁高新通道建成通车后，30 分钟可到南京主城区，两小时内可到杭州、苏州、无锡等城市，三小时可到上海。

三、桠溪旅游资源

桠溪未受现代化气息发展形势沾染，使其保有了山水如画的乡村风貌和丰富多彩的传统文化，变成了当地百姓和市民休闲度假的天堂。桠溪有千亩向日葵园、千亩薰衣草园、千亩梨园、千亩有机茶园、千亩红枫、万亩油菜花等四季大地艺术景观，还有漫山遍野的竹海和粉墙黛瓦的依水江南民居，这样的乡村风貌就像陶渊明笔下的世外桃源。"慢城"区域内还有张巡府、永庆庵等历史遗存和卞和献玉等美丽传说，有些村庄还建设了传统手工艺街区，设置农家豆腐制作、炒米糖、腌酸菜、磨辣椒、制作木工小制品等手工作坊。

桠溪旅游度假区，不仅是国际慢城，也是国家 AAAA 级旅游景区、全国农业旅游示范点、江苏省自驾游基地、江苏省四星级乡村旅游点、南京市四星级休闲农业点，并获得"中国最佳生态休闲胜地"、中国十佳村镇慢游地、新金陵 48 景、华东最美金花胜地等荣誉。

第二节　城市发展历程：质朴秀美的生态旅游之城

桠溪历史悠久，早在 3000 年前就有人类活动。桠溪集镇的形成始于明崇祯末年，小镇以贩卖本地特色农产品为主，优越的地理条件使之成为两省四县交界地区商贸会聚的中心。

但是到了近代，高淳的发展就显得有些疲乏了。在中国工业化发展的浪潮中，绝大多数城市都奉行"工业中心主义"，走快速发展工业的道路。在当时，"生态优美""生活缓慢"反而成了落后、贫穷的代名词。高淳的区位和交通不占优势、产业基础相对薄弱。客观来说，在苏南地区，高淳的发展条件与其他县市相比有很大的差距。就算想像苏锡常地带那样走工业化道路，条件也不允许。从城乡统筹发展来看，高淳是苏南仅剩的两个建制县之一，也是苏南板块中城市化率较低的县之一。而从区位上来看，高淳处于长三角边缘，偏离了经济发达的核心区，与重要交通干线相距较远，是江苏迄今为止两个没有高速公路过境的县份之一——目前通往这里的唯一的一条宁高高速，高淳是作为终点站的。因此其发展一直十分缓慢，在整个南京也处于下游地位。有人戏称"高淳就是因为发展慢才被评为慢城"。

一个现实的问题摆在了高淳人的面前：如何才能以最快的速度发展经济？没想到，解决这个问题的，却是一个"慢"字。高淳政府考虑自身情况，认清了自身的优势：对于该镇而言，良好的生态环境是其最突出的优势和最大的竞争力，不依靠自身情况发展，只会与其他城市的差距越来越大。桠溪人充分注重这一点，因此，他们另辟蹊径，没有走其他城市发展的老路，一味地发展工业，而是结合当地优势，因地制宜，因势利导。"不比速度，比后劲；不比总量，比环境。"他们也没有刻意按照"慢城"来打造，在波利卡市市长安杰罗瓦萨罗介绍情况之前，桠溪政府和民众也完全不知道"慢城"是怎么回事。桠溪能评选为"国际慢城"唯一的原因，就是他们一直在做的事，实际上暗合了'慢城'的需求。2004年，在发现发展面临的种种制约后，高淳县（现高淳区）第十届党代会确立了"生态立县"的战略，从此走上了一条和周边地区不同的生态环保之路。在这种发展战略的指导下，桠溪积极开展生态旅游，依靠自身的特色农业资源，建成了农村特色体验之旅，也就是人们常说的"农家乐"。与此同时，桠溪还建设了金色花海游、农事体验游、户外运动游、竹海探幽游、低碳养生游等多条精品旅游线路，先后建成一批特色乡村旅游景点。"生态之旅"开始运营之后，全镇旅游收入得到了爆发式的增长。至此，桠溪已经走上了一条生态富民之路，成了名副其实的生态旅游之城。

第三节　城市运营体系：缔造慢城核心品牌

一、高淳国际慢城旅游度假区：慢城品牌缔造者

高淳国际慢城旅游度假区，就是当地人口中的"生态之旅"。"生态之旅"不是一座城市，而是高淳区桠溪镇西北部一块面积约49平方公里的地区。它处于高淳游子山国家森林公园东麓，是一处整合了丘陵生态资源而形成的融生态观光、农事体验、高效农业、休闲度假为一体的农业综合旅游观光景区，观光带绵延48公里，盘旋于顾陇、瑶宕、穆家庄、蓝溪、桥李、荆山六个行政村之间，区域内人口约2万人，没有一家工业企业，农民经济收入主要来自生态农业和生态旅游。整个旅游度假区由山、水、农田和村落组成，并由平坦而蜿蜒的道路连接起来，这就是所谓的"三分山、两分水、五分田"的生态黄金比例。沿途不时能看到指示牌，不仅有美食村、农业观光园、果园、茶园、农家乐示范村、度假村和山庄等旅游基地，还有张巡纪念馆、永庆古寺、南城遗址等文化场所。

"生态之旅"不仅旅游资源丰富，而且旅游基础设施也十分完善。开发者整合资源，精心打造，建成了步行道、自行车道、电瓶车道等多层级的慢行系统，完善了休息点、观景平台、服务点、驿站、换乘中心等相关配套设施；建成了瑶池山庄度假村、望玉岛四星级度假宾馆、海风楼、瑶池农家乐、大山农家乐等一批休闲配套设施；建成了游客接待中心、桃花扇广场、文化林广场、大山景观台、茶楼、亲水平台、影视基地等旅游休闲景点；同时，还按照国际慢城总体规划要求，正在建设慢城小镇、精品酒店、生态餐厅等相关配套设施。

高淳国际慢城旅游度假区，是整个桠溪生态旅游的核心。它的建设运营成功与否，直接关系着桠溪的旅游能否有质的飞跃，能否顺利实现旅游致富。事实证明，在合理的规划和开发下，它大获成功，借着"国际慢城"的东风一下闯进了人们的视野，稳固了桠溪的旅游品牌。目前，高淳国际旅游度假区已经拥有了完善的运营管理体系，并定期推出节庆活动。

二、政府：发展护航者

桠溪慢城的发展属于政府主导型，自上而下发展。政府确立了"生态立镇"的发展策略，因此大力发展桠溪生态旅游，在政策上也给予了相当多的支持，并针对慢城发展特色专门制订了《高淳国际慢城规划》。为了避免慢城发展的孤立性，政府主导，立足于桠溪慢城发展的基础，逐步形成"一带、一心、四区、多点"的慢城发展格局。一带是指生态之旅的主路，沿着高低起伏的丘陵行进，形成标志性的旅游线路；一心指慢城小镇，慢城小镇是整个慢城的商业、休闲、文化中心，也是慢城最核心的区域；四区指生态慢城景区、农业慢城景区、文化慢城景区、健康慢城景区。多点指各个旅游景点与旅游配套点。这些内容涵盖了观光、体验、娱乐、养生等旅游形式以及所需要的餐饮、住宿、购物等服务设施。

政府不仅给予政策扶持，在经济上也全力支持，投入大批资金，用于整个区域的建设。仅蓝溪村一村（人口数约3000人），近年来，就累计投入1600多万元，用于改路、改水、危桥改造、农网改造、有线电视"户户通"等一系列工程，启动建设了25户农家乐、8家农家客栈，并在此基础上大力发展特色旅游业和特色农业，促进当地旅游富民。

与此同时，政府还担任了组织者和监督者，维护整个旅游市场的和谐稳定发展。在桠溪不同村落的农家乐产品价格都差不多，不会出现天价旅游或者不合理低价竞争的情形。这虽然与村民的意识有关，但更主要的还是政府的监督与引导的功劳。

三、居民：慢城发展的核心力量

居民是一个城市发展的核心力量。没有人的力量，旅游缺少了服务者，文化缺乏了传承者，资源也失去了保护者。

从旅游方面看，慢城的发展原则之一是要求支持当地手工艺人与本地商业发展，带领当地居民共同建设市镇等。桠溪镇的发展基本遵循了这样的原则，首先，当地居民在政府的带领下，积极发展农业、特色旅游业。在发展旅游的过程中，政府非常尊重当地居民的意见，在发展中坚决实行民主决策。当地很多居民在外地从事建筑工作，村里就组建了农业合作社，将闲置的农地统一流转，农户享受土地租金分配；大山村征求住户意见，统一实行村庄改造出新，变成了一个旅游特色村；很多村集体还组建农家乐协会，发展农家乐来接待外地游客。桠溪的生态旅游与当地居民之间形成了良性循环，居民的参与推动了旅游的发展，而旅游的良好发展又极大地带动了当地就业。

从文化角度看，没有人，文化就无从谈起。一方面，高淳很多的文化，如舞蹈、语言，都是口口相传的，只有人才能使这些文化继续流传。而另一方面，当地人本身就是文化的组成部分。桠溪人的行为展现了桠溪质朴安逸的生活状态。高淳人有着淳美、柔和、包容、和谐等特点。高淳人又特别热情，特别好客，只要有客登门就要喝酒，并且每次都将客人喝倒。待在"慢城"里很有想睡觉的冲动，想晒晒太阳，想泡一杯茶，想享受时光，想慢下来发呆，特别想停下来，体会慢慢变老的感觉。

从资源保护角度看，居民是资源保护的实际执行者和受益者，他们的活动都围绕着自然和人文资源而进行。要想使居民对资源进行有效保护，根本前提是要完善当地的旅游收益分配机制，提高居民的社区满意度。生活水平提高了，居民对桠溪的依赖程度和情感也会自然而然地提高。而这种客观需要和主观情感必然会影响到居民的资源保护态度和行为。因此要增强古村落居民的资源保护意识，必须从开发管理模式和利益分配机制上保证居民能够在旅游发展中获得较为满意的利益，提高桠溪人的生活满意度。

第四节　城市特色：人与自然和谐发展的生态之城

一、生态旅游

（一）人与自然的和谐——慢城的生态美

桠溪自然和人文资源丰富，生态环境优越。这种独特的地理环境造就了安逸宁静的生活环境，使其生活节奏明显慢于长三角的其他城市。同时，"国际慢城"打响了其知名度，使其具有了巨大的旅游客源优势。相对封闭的环境而言，也使得传统的生产和手工艺得到更好的保存和发展。桠溪的金花旅游节，就是其生态旅游的体现。春暖花开，桃红柳绿，在和风煦煦的三月，满山遍野开满金黄色油菜花的高淳会举办金花旅游节，吸引着众多游客前往。漫步在金花丛中，仿佛现代社会的压力与快节奏都与自己无关。

（二）人与文化的和谐——慢城的文化美

慢城不仅是一种生活态度和城市形态，更反映了一种哲学理念。从文化传统层面来说，慢作为我国传统的哲学理念，自古以来便有着深厚的文化根基。而作为传统的江南水乡，更是强调对生活品质的追求，这些都是桠溪国际慢城发展的优势所在。慢城强调对传统文化的保护和对传统习俗的传承。作为吴楚古地，桠溪慢城保存了大量的极为珍贵且极具地方特色的习俗和传统，比如被列入联合国教科文组织目录的西周傩舞"跳五猖"，有表演规模堪称华夏第一的"杨家板龙"等。这些独特的文化资源不仅是桠溪慢城的特色所在，更是丰厚的文化旅游资源所在。这种文化美，也为其生态旅游发展提供了巨大的吸引力。

围绕着特色乡村旅游，桠溪还着力于发展特色有机农业，以此带动就业、增加居民收入。如今，茶叶、早园竹等绿色食品有机生态示范基地已经形成规模，桃花村、杏花村、石榴村、七彩桥李、东篱菊圃、荆山竹海等景点与区域内的古戏台、古树、古庙、古井等历史人文景观交相辉映，特色乡村旅游的雏形已经初现。

二、绿色经济

在度假区的主干道两侧，风力及太阳能混合发电路灯非常醒目，但这仅仅是慢城所倡导的绿色环保理念中的一小部分。

"保护与维持纯净的自然环境"是国际慢城的八大公约之一，是成为国际慢城的重要条件。桠溪，作为以"生态立镇"为发展战略的城市，深刻知道绿色可持续对本地发展的重要性，在发展旅游业时着力保护环境。

在产业发展的过程中，不断提高环境门槛、强化产业的甄别，着力构建以绿色产业为主导的现代产业体系，在产业布局上桠溪地区明确作为工业不开发区，为生态功能区的建设划出红线。桠溪重点发展高效农业、旅游业、文化产业和其他现代服务业。新建项目全面推广环境管理体系，尤其是污水生态处理系统必须到位。农副产品强调实行以环境标志产品为代表的绿色认证，农户用人工合成化肥将被坚决制止，必须用有机肥。推广使用太阳能等清洁能源，村村建了沼气池。对垃圾分类并实行无害化处理。尽可能少地使用钢筋混凝土，除了主干道是柏油路外，其他道路则是土路沙石路，连葡萄架也不用水泥做，而用木架子。正在规划新的交通系统，先进行限速，以后尽可能减少汽车的进入，改用电动公交车。

目前，桠溪"生态之旅"区域内没有一家工业企业，农民经济收入主要来自生态农业和生态旅游，现已建成 3000 亩早园竹、4000 多亩有机茶园、5000 亩果园等超大规模的特色经济农场，以及桃花村、杏花村、石榴村、菊花村等多个生态农业示范村，一年四季都将鲜花不断、瓜果飘香。生态之路让昔日的荒山坡变成了如今的绿色宝库，也向人们展现出一条独具特色的绿色生态发展之路。

三、文化保护

注重保护本地文化是"国际慢城"的基本要求。"慢城"公约主张和倡导"培育本地文化，保护当地风俗习惯与文化遗产"。文化是其发展的根基，高淳也十分注重对文化的保护。高淳有着历史文化名城珍贵的历史遗存，伍子胥在高淳开挖的世界第一条人工运河"胥河"，孙权在高淳建的"保圣寺塔"等，这些都得到了较好的保护。同时，"大马灯""送春"等众多古老的文化活动在高淳也得到传承。桠溪在开发中保护文化，将传统的"桠溪跳五猖"等地区文化精髓搬上演出舞台，作为旅游吸引物，促进了当地旅游业的发展。

第五节　未来展望

一、摆脱"穷美"，寻求经济发展

慢城强调"慢"，但并不意味着不发展。慢城的"慢"是相对于现在绝大多数城市只求数量不求质量的以环境能耗为代价的"快"发展而言，慢城更加注重发展的质量和居民的生活品质。2010—2011 年，慢城桠溪居民的人均收入均超过 9900 元，这些收入中，60% 来自当地的有机特色产业。就人均 GDP 水平来说，慢城的经济发展水平已经达到了中等发达国家的水平，而且远高于江苏省平均水平。同时，在产业构成中，当地的特色传统农业、生态旅游业、文化产业以及现代服务业占 90% 以上。从产业结构来看，也符合慢城的发展要求。

桠溪的"慢"不是发展缓慢，不是单纯的"拒绝全球化"和"拒绝现代化"，而是在"快世界"与"慢城市"之间寻找一个平衡点，它的这种慢实际上是一种"稳",稳中求进,稳中求发展,这实际上也与现在中国"新常态"的要求不谋而合。旅游的发展带动了全民就业,旅游乘数效应在桠溪得到了非常好的体现。

二、慢城不慢,服务质量迅速提高

和意大利奥尔维耶托或英国勒德罗等慢城不同,高淳桠溪在设计之初就是以发展旅游业为目的而建设的,旅游是其脱贫致富的重要手段。因此它更需要注重配套设施的建设,提高旅游服务质量,吸引游客。实际上,完善公共配套设施,真正受益的还是当地居民,提升的是居民的生活质量。

桠溪注意到了这点,它已经从以下几方面开始建设。

1. 服务设施:桠溪十分注重基础设施的建设,政府投资大笔资金,提高乡村质量,建设了包括停车场、体育场、市民广场在内的多个公共场所,并且进行了村庄绿化、道路亮化、污水管网、塘坝清淤等多项工作,在提高旅游服务水平的同时,提升了居民的生活质量。

2. 交通:桠溪慢城要进一步完善慢行交通体系,形成以公共交通、步行和自行车为主,私家车为辅的多级慢行交通系统。桠溪生态之旅各景点现有的道路类型有以下3种:县级公路、"生态之旅"旅游大道和田间小路。县级公路连通高淳城区和桠溪镇。公路宽阔,地势平坦,几乎无坡度,适宜自行车通行。公路还有双向的自行车专用道(非机动车道),可以确保骑行安全,是非常完善的自行车道。"生态之旅"旅游大道起始于桠溪镇入口处,贯穿整个景区,是生态之旅的主干道。该道路大部分路段都比较平坦,小部分位于丘陵地带,有一定坡度。此路段机动车、自行车、游览车、步行通用。

3. 农家乐住宿:从"生态之旅"建设到现在,已经有近百家"农家乐"经过审批开始运营。桠溪镇对当地"农家乐"进行了统一审批和授牌,并对经营者进行培训、监督和管理,同时还开通了投诉热线,这一系列的管理措施让"农家乐"走上了规范发展的道路。据不完全统计,光靠农家乐这项措施,当地农民人均增收近千元。

三、转变观念,民众意识跟上

就在高淳被评为"慢城"的同时,一场"跟风比慢"也开始了,各地争当名人故里,争夺文化遗址,以做进一步旅游开发的噱头。"国际慢城"是一份荣誉，也是个不可多得的营销机会。它确实会带去利益，但也会在当地刮起一股"快速发展"之风，这股风是否会将曾经低调"慢行"多年的高淳，拉上更符合当今大环境的经济"快车道"，使其失去原本的淳朴呢？

从国外慢城的发展来看，慢不仅是生活节奏，更是一种生活理念和生活态度，民众悠闲，享受生活。但桠溪还没有做到这一点，在生活节奏上，当地居民忙于利用"慢城"这个招牌带来的旅游客流来发展农家乐，甚至不惜以过于夸张的表演来"做秀"。桠溪慢城的发展还是限于旅游业这一部分，慢城模式的发展还没有带来生活理念和态度的转变，反而在一定程度上使得当地居民的生活节奏加快了。"慢了游客，快了居民"，这与慢城的发展本质是背道而驰的。

要解决这个问题，关键是要转变民众观念。慢城发展的首要目标是当地居民的生活品质和幸福感的提高，慢城的发展不能只一味地追求经济利益。慢城的旅游吸引力很大程度上不是物化的，而是一种氛围和意蕴，慢城带给旅游者的是一种闲适生活的韵味，因此"加强青少年慢城审美教育，增强全体居民的慢城生活意识"是慢城建设的重点，而放慢脚步、享受生活也正是旅游者赴慢城旅游重要的心理期许。此外，在某种程度上，慢城是一种氛围、一种对待生活的态度，而生活的哲学是可以交流、共享的，因此，慢城也应该是乐于分享、善于交流的"好客之城"，它的旅游接待也应该是热情而周到的。它不仅仅指旅游从业者对于旅游者的周到服务，也意味着其城市原住民对于旅游者的友好态度。"促进市民好客度，消除阻碍旅游者与市民及旅游从业者交流的物质、精神障碍"这一慢城定义中的要求也正说明了这一点。只有做到这一点，桠溪才能从精神内涵上也成为真正的慢城。

四、保护慢城，坚守发展根源

慢城之慢，在于其自然资源、文化资源和当地民俗风情。这些都是它的发展根源，桠溪的可持续发展与当地旅游资源的保护是密不可分的，因而在发展乡村旅游的同时必须要做到发掘并延续当地独特的历史文化，只有保持了地方的"个性"才能保障其长久的发展。乡村旅游的发展要求提高人们对其生活的控制能力，而这一能力的提高是要与当地人的文化和价值观相协调的。

国际慢城有两条重要的评选标准：一是人与自然的和谐，二是文化的保护与传承。文化的传承绝非西方文化模式的简单复制，而是要求在本土地域文化的传承保护方面有自己的特色，注重对本地文化资源的保护和发掘。桠溪拥有省级非物质文化遗产傩舞"跳五猖""'大马灯""送春"等众多古老的文化活动，并且一直传承至今；而生态之旅沿线的文化资源也十分丰富，有省级文物保护单位"卞和望玉"的望玉山、牛皋抗金的南城遗址、岳家军的操兵场遮军山等景观。要在保护中开发，在继承中发扬，将这些生态优美的自然风光和人文景观串联起来。

历史文化与现代文明本就不是水火难容的矛盾体，在城市旅游业的发展过程中，如何正确地处理历史文化的传承与现代化建设之间的关系也是慢城旅游目的地发展的一个重要课题。高淳桠溪现代化的城镇建设和古朴的民居相得益彰。虽然整体来看，桠溪对本地的文化保护工作做得不错，但是在发展经济后仍有一点大拆大建的趋势，没有处理好新与旧的平衡，对历史建筑保护力度不够。老建筑见证的是历史的发展，其中蕴含了丰富的民居文化和艺术，具有极大的开发和保护价值。高淳片区的建筑风格本为混合型的，既带有徽派建筑的古朴典雅，又带有苏南香山派建筑的通透轻盈。但桠溪慢城在旧村改造过程中不顾这一特色，盲目地将建筑风格完全改成千篇一律的徽派风格，破坏了原有的风格。而且由于一味地追求发展农家乐，将大量的古建筑拆除，替之以各种现代建筑。这些开发乱象不免让人扼腕叹息。

从慢城发展的角度而言，一座优秀的慢城旅游目的地应该是历史文化与现代文明和谐共处的城市，让旅游者在旅游的过程中感受城市历史文化与现代文明的水乳交融，无疑是提高城市美誉度、增加目的地旅游吸引力的重要方法。

第三章 广西富川瑶族自治县福利国际慢城
——山水佳丽之地

第一节 福利国际慢城概况：人文昌盛之地

一、社会发展条件

福利镇位于广西贺州市富川瑶族自治县东北部，东与湖南江华县白芒营交界，南临古城镇、莲山镇和新华乡，西与富阳镇毗连，北靠葛坡镇和石家乡。福利镇总面积达90平方千米，耕地面积22 845亩，其下辖10个村和一个社区、67个自然村、226个村民小组，总人口为2.23万人，该地大部分人口为汉族人口，其余人口属广西富川瑶族自治县少数民族人口数最多的瑶族。

福利镇的地形属丘陵石山区，境内主要山峰为海拔361米的三娘母峰，主要河流为毛家河。该地农业以种植水稻为主，是县商品粮基地之一，也是水果、烟叶、反季节蔬菜的主要生产基地。全镇共建有山塘水库17座和小一、小二型水库4座。福利圩集是富川县与湖南边界较大的农贸、交易市场之一，交通通达度良好，往来便利程度大。

随着改革开放程度的日益扩大化、经济发展的高速态势，福利镇调整产业结构，基础设施建设工作取得较大突破，特色农业、订单农业脱颖而出，科技、文化、教育事业蒸蒸日上，全镇被自治区、地区、县授予的文明村（单位）共16个，曾被评为全国群众体育先进单位，在2000年被地区评为社会治安综合治理模范乡镇。

二、旅游发展条件分析

（一）舒适的慢旅游环境

富川瑶族自治县福利镇总面积90平方千米，其中森林面积较广，植被覆盖率高，空气质量好，适宜进行休闲观光、绿色低碳的慢旅游。其总人口为2.23万人，远低于《国际慢城宪章》中总人口数不超过五万人的标准，且区域内几乎无大型车辆和因车辆产生的噪声污染问题，霓虹灯、广告牌等显示的商业氛围较为淡薄。维持这样舒适、休闲的慢旅游环境，有利于低碳可持续的慢旅游发展，从而促进旅游主体慢旅游最终目的的实现。

（二）优越的慢城区位与交通

福利镇慢城区属典型的亚热带季风气候，气候温和宜人，年均气温为19℃，相对湿度为75%，一年四季均适宜旅游，且水、森林等自然生态资源丰富，在慢旅游过程中，能使旅游主体达到对自然旅游环境的期望值，获得休闲旅游的深度体验。

福利镇慢城旅游区所在的富川瑶族自治县交通优势显著，其距离贺州市区仅66千米，距离梧州市、桂林市各约200千米。2009年全线建成通车的桂梧高速公路，距离富川瑶族自治县县城仅35千米；2013年，广贺高速公路的全线通车使富川经贺州到广州不超过两个小时的车程，随即快速进入"粤港澳两小时经济圈"，连通巨大的慢旅游潜在市场，带来潜在客源。

贯通广西贺州市的贵广高铁已于2014年年底开通，它是中国建设的连接贵州省贵阳市和广东省广州市的客运专线，拉近了慢城与周边城市的时空距离，实现了从贺州1小时30分钟到达广州，4小时到达南宁，1小时到达桂林，从而连通了城市重要交通枢纽和巨大的旅游消费市场，为慢城旅游发展创造了便捷的运输条件，激发了慢旅游发展的潜能。

（三）丰富浓郁的慢城旅游资源

福利国际慢城区域内的旅游资源主要有：神仙湖花海，国家级AA旅游景区、广西三星级旅游农家乐的神仙湖生态休闲园，神剑石林，现代特色农业核心示范区等旅游景区。慢城区域是整合了生态资源而形成的集生态观光、农事体验、高效农业、休闲度假为一体的农业综合旅游观光景区。

1. 丰富的自然旅游资源

福利镇地形属丘陵石山区，地形奇特多样，主要有神仙湖景区、神剑石林、香樟园等自然景观。福利镇自然景观特色鲜明，绿色生态环境良好，空气清新怡人。神仙湖湖水清澈，清风徐来，水波荡漾，湖畔杨柳依依，绝美风景尽收眼底。在神剑石林景点，典型的喀斯特熔岩侵蚀而成的奇石罗列，构成形态各异的剑状岩溶石林地貌，形成独具特色的自然旅游资源。游览舒心惬意的湖光山色，品味瑶族自然文化韵味，体验生态、天然无污染的绝美风光，这些体现了对自然的回归。福利国际慢城在支持绿化、不对生态系统施加负面影响的前提下，为目的地居民和游客提供了一个悠闲惬意的慢旅游环境，让他们能脱离固化生活，暂缓现代生活的快节奏。

2. 浓郁的人文旅游资源

富川瑶族自治县历史悠久，建制于汉武帝元鼎六年，历史文化遗存众多。受瑶族、汉族文化影响，福利镇独具特色，其中古道、古村落、古风雨桥、古文化等文物古迹、人文景观较为丰富，文化保护和民族旅游产业发展迅猛，有八百庙、八百岭革命学堂和八百岭古村等人文遗产和保存相对完善的茅厂屋、红岩村、毛家村等特色古村落。富川瑶族自治县福利镇的名村代表——红岩村，形成于明代，距今约700年，主要是汉、瑶民族聚居。代表性建筑有知青围屋、青瓦门楼、源政私塾、思源古井等，见证着红岩村古老的历史质感和悠久的民族特色文化传承。体验国家级文化遗产瑶族蝴蝶歌、瑶族长鼓舞以及瑶族溜喉歌等展示民俗魅力的精彩节目，参与瑶族盘王节、砍牛节、元宵花灯节、炸龙节和脐橙节等文化旅游节庆活动及以名贵本草花木为主题的生态农业观光旅游项目，有利于慢旅游主体获得深度体验，提高旅游活动参与性并发现独特之处，深刻品味旅行过程和旅游目的地的内涵，还原旅行的本质。

（四）日趋完善的慢城旅游基础设施建设

为达到"国际慢城"的有关要求，福利慢城明确了"农旅结合、以农带旅、以旅兴农"的发展思路，确定了"农业观光体验游、生态养生休闲游"的发展定位，积极打造"中国瑶乡生态休闲养生度假旅游目的地"，对发展休闲农业、休闲旅游、传统手工业等产业的经营主体给予政策扶持，加大资金投入，充分利用自身资源优势，大力发展与"国际慢城"相关的产业，积极推动慢城旅游基础设施建设、升级，合理规划建设游客服务中心。目前，福利镇已建有投资600多万元的"万家客栈"和投资1200多万元的茅厂屋农家乐度假山庄以及贺州富川现代特色农业核心示范区仿石标志、大门、观景台、宣传长廊、游客服务中心、旅游公厕等基础设施。

（五）生态化的慢城旅游项目建设

福利镇落实了"国际慢城"100亩的旅游用地指标，已建成20亩的生态停车场；同时，福利镇还引进了以国内外名贵木本花海为主题的生态农业观光旅游项目，其中包括1000亩的神仙湖花海生态农业观光园、200亩的神仙湖健康养生园（养生地产）、2100亩的玫瑰湖（横塘水库）水上乐园、300亩的珍稀水果采摘园，项目之一的四季"花海"观光园已于2015年10月1日正式开放。

为发展慢城旅游，福利镇在基础设施建设方面加大投入力度，建设了10千米的景区柏油路主干道、10千米的自行车道和环湖步道，建成了一批生态农业观景台、观光栈道等。福利镇各村落坚持按照"微田园"生态保护的模式进行美化、绿化、亮化，以"修旧如旧"的方式对古建筑、古居民进行修缮。

福利镇通过"国际慢城"的认证后，激活了绿色生态经济，旅游业发展迅猛，成为县域经济发展的助推力；加入慢城联盟，以慢生活驱动快发展，从单一的门票经济向生态休闲养生转变，继而带动其他产业的发展。福利镇今后将加快建设茅厂屋度假山庄、环神仙湖和横塘水库自行车绿道、水上游乐等项目，力争将神仙湖生态休闲园由2A景区提升为4A景区。

（六）广阔的慢城旅游客源市场

东盟10国是广西重要的境外游客市场，因此中国—东盟自由贸易区为慢城的旅游业提供了广阔的市场。广西作为中国大西南的出海通道，有着得天独厚的区位优势，随着不断完善的便捷陆路交通，为慢城旅游发展创造了无限商机，有利于将旅游资源优势转化为现实的经济产业优势，推动旅游业实现跨越式发展。

福利慢城旅游业取得了快速发展，富川瑶族自治县与桂林、广东、湖南等地的知名企业达成旅游产业合作协议，为福利慢城旅游带来了广阔的潜在客源，游客接待量大幅增长，2016年第一季度接待旅客已近30万人次，实现旅游总收入1.23亿元，成为贺州市旅游脱颖而出的"黑马"。如福利镇茅厂屋村，因游客大量涌入，已由一个交通闭塞、2009年人均纯收入仍不足1000元的贫困村，转变为如今每年人均纯收入接近1万元的旅游发展潜力村。

第二节 福利慢城核心特色：山环水绕的国际慢城

中国第四个、广西第一个国际慢城——福利国际慢城核心区由三大主体区域构成：福利镇"万亩脐橙"标准化生产基地、神仙湖景区、神剑石林。

"万亩脐橙"标准化生产基地以花坪村为中心，环"横塘水库—三娘母山"，总面积达 2.3 万亩，以种植脐橙为主，兼有少量的南丰蜜橘、早柑和枰柑，已经纳入神仙湖生态观光农业旅游开发项目规划。预计沿着环横塘水库四周开发种植玫瑰 3000 亩，建成华南地区最大的玫瑰园，同时配套建设水上游艇、飞艇、表演场所等娱乐项目，使之真正变成"爱的海洋"。

神仙湖位于富川瑶族自治县福利镇西北面，是福利国际慢城核心区，它以"生态休闲、瑶族文化"为主题，以自然生态为特色。神仙湖内的四季花海定位为广西最大、最具特色的以国内外名贵木本花海为主题的生态农业观光旅游项目。其中包含 1000 亩神仙湖花海生态农业观光园；2100 亩玫瑰湖（横塘水库）水上乐园；200 亩神仙湖健康养生园（养生地产）；300 亩珍稀水果采摘园。所种花的种类有格桑花、孔雀草、圣代一串红、世纪红叶鸡冠花、醉蝶花、南方薰衣草、玩具熊向日葵等 30 余个品种。神仙湖生态休闲园占地面积 1600 多亩，园内有原始古樟园 112 亩，脐橙园 265 亩、丰水梨园 186 亩、桃园 50 亩以及 232 亩水面的神仙湖水上游园。园内分水上康体健身娱乐区、民俗文化演示区、摘果尝鲜生态区、田园风光游览区 4 大功能区，设脐橙园、丰水梨园、香樟园、湖上游园、水中石林园、民俗文化园、草莓园、蔬菜实验园 8 大园。

福利国际慢城自然生态良好、乡野情趣浓郁，一年四季花果飘香，绿树成荫，"氧吧"效应突出，是生态休闲游、生态观光游、民族文化体验游的绝佳去处。

第三节 福利国际慢城发展现状：产业发展亟待升级

一、基础配套设施有待完善

通过网络游记调查发现，游客对于富川瑶族自治县福利国际慢城的评价主要集中在旅游餐饮业、住宿业、交通设施、文化娱乐设备、体育疗养建设方面，并且大多数游客对于现有的旅游基础设施评价较不满意，其中旅游基础设施中的旅游交通问题最为突出。福利镇的公共交通工具主要是县镇专线汽车，但由于慢城景观较为分散，景区内部缺少便利的交通运输，因此私家车成了首选的交通工具，但慢城旅游游客以学生为主，所以交通运输成为最突出的限制因素。另外，福利镇的公共厕所、新能源路灯、慢客驿站等相应的旅游业发展配套设施也相对缺乏，须进一步修建；同时，村庄的住房建筑、电网设施、水利设施和污水处理等现状也亟待改善。

二、旅游服务水平不高

福利国际慢城范围内的景区服务、旅游环境卫生都离国际慢城最高标准相差甚远，大部分游客表示对慢城景区的旅游服务满意程度一般，他们认为景区的整体服务水平仍有待提高。还存在部分游客认为景区卫生环境一般和卫生环境差的情况。目前慢城内为慢客提供食宿的民宿、农家乐的数量远远低于游客需求，游客在慢城景区留宿的意愿相当高，他们认为慢城景区的慢节奏自然生活形态有利于旅游本质的回归，有利于他们获得身心美的享受，但由于慢城景区的住宿业以村民自发经营的家庭型旅馆为主，设施设备等住宿条件相对简陋，从而影响了游客住宿选择的积极性。另外，景区内引导慢客的专业人员队伍也相对缺乏，大部分景区的旅游从业人员均为当地村民。

三、人文旅游产品特色化不显著

福利国际慢城旅游景区以优美的自然风光为核心吸引物，大部分游客认为景区的自然田园风光较有旅游吸引力，与都市高楼的鳞次栉比形成鲜明对比，能使旅游者暂别都市生活形态，回归大自然，这也是大部分游客前来福利国际慢城旅游的主要动力。但福利镇的传统建筑及园林景观、地方美食、旅游活动项目、民俗风情等这些人文资源旅游产品的占比均小于40%，说明当地的人文资源旅游产品特色化不够鲜明，较缺乏旅游吸引力。福利慢城的另一个劣势是没有新颖、具有本地特色化的旅游商品，如旅游纪念品等，而且也缺乏能让游客参与的地方民俗文化活动。

四、旅游产品开发程度较低，产品结构不完善

福利国际慢城景区景观不够丰富，大部分游客表示仅选择购票进入景区内的神仙湖花海景区进行游览，认为其他景点可观赏性较低。因此，只有进一步加大开发旅游产品的力度，才能优化旅游产业结构，开发新业态，才能满足旅游的多元化需求。

第四节　福利国际慢城的旅游发展策略

一、完善慢城景区旅游基础设施建设

1. 加快星级农家乐和星级酒店的建设进展，遴选出一批卫生达标的餐饮企业作为接待定点场所，创办符合慢城理念的、田园观光式的参与度高的农家乐等；改善旅游住宿条件，美化住宿内部，凸显慢城理念，适当增加绿化，建设开放型旅游观光场所；发展慢城区域内可供观光游览的公共交通运输工具，确立更舒适、更休闲的慢旅游格调。

2. 引入社会投资，完善旅游相关的商店、娱乐休闲场所、体育疗养设备的建设，满足游客的购、娱等旅游八要素。扩大财政投入，积极争取项目资金，进一步改善慢城内部及全县范围的道路交通条件，增设服务驿站、游客集散中心，并在路口、各个慢城景点设立醒目的旅游指示牌。

3. 加强慢城景区的旅游环境卫生治理，增加垃圾桶等环保设施的数量并合理部署在景区范围内。招聘人员从事景区环境卫生治理工作，并在景区范围内张贴"爱护环境卫生"等标志，引导当地居民和游客的行为。

二、提高旅游服务水平

1. 提升餐饮服务行业水平，食品药品监督管理局等相关机构要加强行业监督、严格执行餐饮行业准入制度，形成饮食安全的保障，并鼓励餐饮行业开发新颖、具有特色化风味的菜肴；培养旅游从业人员的卫生意识，加强卫生设施管理。住宿业从业者要严格按照旅客登记制度进行登记，对陌生人员进入住宿范围加以警惕，确保住宿安全，提高管理水平，谨防不安全事件发生。

2. 培养一批引导游客的专业人才队伍，引进具有现代化管理方法和法制观念的优秀旅游管理人才，提高慢城旅游管理水平和接待能力。发挥社会力量和网络媒体的监督作用，对餐饮、住宿等旅游从业人员的服务质量进行经常性的跟踪监督，并将他们的评价作为这些从业服务人员评优的重要依据。

三、推动人文特色化旅游资源信息传播

1. 编印一套旅游文化介绍丛书，按照名胜古迹、园林景观、旅游活动项目、瑶族民风民俗以及传统名特产等分门别类，从不同角度展示慢城的旅游文化；设计并布局好各景点景区的人文宣传展示牌匾，推出人文旅游形象设计展示，举办各类文化节、文化活动，更好地宣传慢城旅游文化，加快创建和申报 A 级景区。

2. 与旅行社等联合起来共同打造旅游品牌，加强区域合作，联手设置无障碍旅游区，并积极整合慢城旅游产品，推出合作路线，打造精品文化线路。开发旅游纪念品，通过设计、命名等融入一定的人文气息。在餐饮行业，可充分凸显特色菜、金牌小吃等特色饮食文化，充分满足不同客人的特色化需求。

四、挖掘旅游资源，加大开发力度，丰富产品体系

福利国际慢城旅游产品的开发应立足于慢城自身的自然旅游资源、历史文化及少数民族民风民俗等方面，设计开发适合慢城旅游发展的旅游产品。除了以国内外名贵木本花海为主题的生态农业观光旅游项目外，还可以利用福利慢城良好的水资源和休憩场所神仙湖规划开展天然泳池项目以及垂钓休闲产业。此外，慢城景区还应维护茅厂屋、红岩村、毛家村等传统型村落的形象，挖掘它们自身独特的发展方向，并且努力形成规模效应，完善旅游线路设计规划。福利慢城在发展建设过程中不应刻意地对其他的城市形态及设施建设进行模仿，而是应该充分发掘、提炼本地区资源，使之与慢旅游相适应，为游客提供休闲的、娱乐的、追求旅游本质回归的场所。

五、树立品牌理念，加大营销宣传力度

福利国际慢城应强化网络宣传，继续加强与知名网站和旅游专业网站的联系，实现联网对接，搭建旅游营销新平台；应开展广告宣传，展开与收视

率高的电视等传播媒介的合作，主动开展主要客源地的推广活动，如广东省、东盟10国等，构建旅游区域联合新格局，积极利用与桂林国旅签订的战略合作框架协议开展旅游合作，及时、有效地传播慢城旅游信息。

同时，福利国际慢城还应建立优秀营销团队，强化营销手段，积极利用"互联网+"、自媒体等推广方式，制定慢城旅游宣传手册并将其摆放在饭店、旅馆等服务窗口的宣传展架上，以供游客免费取阅，让游客及时了解最新旅游资讯，从而提升福利镇的知名度，构建品牌效应。

第四章　英国勒德罗——最繁华的慢城

第一节　城市概况：喧闹水边的小山

勒德罗是个有千年历史的边界贸易城镇，靠近英格兰和威尔士的边界，也是南什罗普最大的市镇，人口约11 000人。2003年，勒德罗通过慢城组织认证，成为英国第一座慢城。勒德罗是2006年城市主义学院的大城镇奖的获得者。

一、地理环境：山水喧闹的河边之地

（一）地理位置

勒德罗（Ludlow）源于古英语"hlud-hlaw"，"hlud"意为"喧闹的水域"，而"hlaw"则为"山峦""丘陵"之意。"hlud-hlaw"翻译过来就是：喧闹水边的小山。独特的名字揭示了其富有特色的地理位置：它位于英格兰中部，蒂姆河边，整个城市集中在一座小山上。

那里最高的建筑是圣劳伦斯教堂，40米高的塔楼成为当地的标志，再往西走，则是久负盛名的勒德罗古堡，经过战火的洗礼却仍保持着敦厚与沧桑。围绕着教堂与城堡的，就是如中世纪一般淡然安宁的勒德罗小镇。居民区围绕着城堡、市场、教堂，静谧地立在小山的平地上，在喧闹的蒂姆河旁度过了近千年。

（二）人口

勒德罗虽面积极小（453万平方米），俯瞰便可窥其全貌，但人口众多。根据2011年英国人口普查的数据显示，勒德罗教区常住人口为10 266人，占到了什罗普郡总人口（306 129）的1/30。

(三) 交通

小镇内部保留了中世纪狭窄的小巷和街道，而且房屋布局密集，因此并不能容纳过多的现代车辆往来，出现了长久的交通拥堵问题和停车问题。为解决此问题，小镇决定实行限行政策。小镇议会在镇内建有一些停车场位，服务于有长期停车需求的居民。拥有停车许可证的居民才能在此停靠车辆。

由于私家车行驶不便，小镇努力发展公共交通，每日有固定班次的巴士往返于镇中心与东部的生态公园，服务于居民与游客。

在镇外，勒德罗火车站于1852年开始运行，距离镇中心步行约五分钟路程，这极大地方便了小镇内部与外部社会的交流。

此外小镇还建有专门的自行车道（第44号国家自行车道）和步行道（莫提蒙之路），供游人游览。

二、人文环境：边陲小镇的人文风光

作为诗人豪斯曼诗集《什罗普郡少年》中的"禄如镇"，勒德罗令无数读者和游人心驰神往。勒德罗小镇充满着独特的人文风情。勒德罗崇尚手工、人工，小镇上没有任何喧嚣的声音，也没有生硬的机器味，它的山坡街道上遍布画面生动的砖木结构房，它们分别是酒馆茶肆、独立书店、古董店和上等的屠宰店。而从铁匠到银器工匠，从定制花园家具的手艺人到修复家具的专家，勒德罗也都有不少。城堡广场还有一个市场，在那里可以找到有机农产品、猪肉店和烘烤食品。

不仅如此，勒德罗小镇的美食也久负盛名。它曾一度是英格兰唯一一个有三个米其林星级餐厅的城镇。每年九月会举办勒德罗美食节。

勒德罗的核心区避开了现代文明的冲刷，完整、良好地保存了中世纪的风貌，也保留了都铎和乔治亚时代的特征。远离现代化的城镇、古朴宁静的氛围，使得勒德罗小镇成了现代居民难以忘怀的理想之地。

第二节 城市发展历程：从小镇到城市

一、边防重地，皇家小镇

勒德罗于11世纪在诺曼人征服英国之后建立，距今已有近千年的历史。

1085年前的勒德罗，荒无人烟，杂草丛生，而一切都因为诺曼人的到来而改变了。诺曼人在征服英国后，开始防御狂野的西部地区，也就是现在的威尔士，威尔士人骁勇善战，需要固若金汤的城池才可以抵御他们的进攻。勒德罗地势险峻，易守难攻，是绝佳的边防地点，有利于控制这一代的当地居民。在英格兰与威尔士的数次战争中，勒德罗起到了非常重要的作用。

在征服了威尔士之后，英格兰开始了对其的统治，英国国王爱德华四世于1472年在勒德罗设立了威尔士委员会和边界理事会，并派他的儿子威尔士王子住在那里，作为理事会的名义领导。至此，勒德罗的地位不仅仅限于边防基地，它成了英格兰人眼中的威尔士首府。

但对于诺曼人来说，仅仅靠武力统治的成本过于高昂，他们需要一种更为平和稳定的手段来管理威尔士，于是他们将勒德罗由军事基地转化为商业小镇，以羊毛、纺织业为基础发展多种商业，借此来吸引和管理威尔士人，平息冲突。至此，勒德罗与威尔士的关系完全改变，它已经不是阻碍威尔士人的边界要塞，而是行政中心和司法中心，它的大门为两边人敞开。

二、羊毛上建起的城市

有人说，羊毛修建了边疆大教堂，这话不假，因为小镇的财富正是来源于羊毛贸易。作为中世纪的奢侈品，羊毛是英国最重要的出口产品之一。小镇羊毛市场的兴旺要归功于周边辽阔的优质牧场，勒德罗周边的乡村人烟稀少、草木茂盛且营养价值高。不仅如此，其水质也得天独厚，英国剑桥城市史研究所认为，勒德罗是"英国最好的城市水源地之一"。凭借着这样优渥的条件，勒德罗大力发展畜牧业，在英国的羊毛交易市场中占有了举足轻重的地位。在中世纪，羊毛织物被称为勒德罗之白，在伦敦的售价极高。勒德罗的畜牧市集也存在了近千年。

有着这样雄厚的经济实力与完整的经济体系，勒德罗即使在1640年边界理事会被撤掉、人口流失20%之多的时候，经济也没有一蹶不振。它凭借着自身，顽强地撑了下来，如今又以另外的姿态繁荣发展。

绵羊如今仍是勒德罗的经济支柱。勒德罗每周二有一次牲畜拍卖会，它采用竞拍的形式，吸引着众多居民。以前，畜牧集镇在英国很普遍，但在过去的几十年里，500多家集镇依次倒闭，让步于大型集团。但是，勒德罗的畜牧集镇却奇迹般地生存了下来，不但如此，它还成为英国最大的畜牧市场之一。因为以前人们偏向于选择较近的畜牧市场，但随着众多市场的倒闭，不得不转向勒德罗，客观上大幅增加了其市场客源。

虽然存在了千年，但勒德罗绵羊产业也没有因循守旧，它也吸收了现代化的元素，与世界接轨，寻求发展。例如：无法生育的老母羊在过去的勒德罗一文不值，但现在因为经济全球化，它也找到了自己的市场，作为清真羊肉串和咖喱羊肉的原料走上了集市市场。

价值极高的羊毛催生出了富裕的中产阶级商人，极大地带动了当地经济的发展。例如，当地羊毛商人劳伦斯，其财富足以和贵族相媲美，甚至曾向国王放贷，也是他于13世纪修建了壮阔的斯托克赛城堡。他曾说：是绵羊给了我一切。也正是劳伦斯这样的商人让小镇发生了翻天覆地的变化。

第三节　城市运营体系：和谐有序的社区秩序

一、基石：小镇居民

小镇的居民是整个城镇中最重要的组成部分，他们对勒德罗的贡献远超于那些建筑、街道。为什么这么说呢？因为居民才是"慢城"实际的架构者。一方面，小镇居民对小镇本身的古建筑、文物保护非常关注，他们用自身行动保障了小镇的外在硬件不受破坏；另一方面，居民缓慢悠闲的生活态度、崇尚手工的人文精神包含了勒德罗小镇的特性，这本身就是"慢城"文化重要的组成部分。

从文物保护方面来看，勒德罗人严格遵守中世纪的租地法，绝不随意改动建筑，保存着街巷的原始风貌。新建筑想要得到居民的认可，也必须保护文物古迹，并且遵循当地的建筑风格。下面就拿小镇唯一的一家连锁商场TESCO为例来说明。TESCO的建造费了好大的功夫。本来开发商想建在主路上，但居民认为这样建虽然看似不会影响古城风貌，但大超市会把镇上的居民带走，给勒德罗带来毁灭性的打击。于是镇民否定了这一提案，让开发商修改企划，把店建在小镇旁边历史最悠久的街道之一科夫路上。居民的强硬态度远不止于此。在商场的设计上，为了与小镇的整体风格和布局相一致，开发商不断征集公众意见，并和小镇进行了多年的拉锯战才达成一致，整个过程花费了九年之多。

仅有文物和建筑，是不足以支撑勒德罗"慢城"的称号的，它真正闪耀的，是其慢节奏的生活方式和居民悠然自得的生活态度。勒德罗的居民崇尚古朴、强调自然，小镇至今仍保有大量的自营店铺，如面包房、蔬菜店和在很多其他地方已经消失的古朴店铺（如书本装订店）。在勒德罗几乎看不到连锁店，更看不到麦当劳或汉堡王。街上的小商店静静地开着，偶尔看见雅致朴素的店牌悬挂在门前。店主悠闲地在柜台看报纸，等客人来了才抬起头，不紧不慢而又亲切地打个招呼。面包房内，师傅气定神闲地做着最纯正的本地面包，芳香四溢、令人垂涎。肉铺里，摆着取材于当地的各种肉食；街边，小孩子在冰柜旁耐心地等候着纯手工冰激凌。而拐过街角，就能找到工匠们的店铺和他们细心雕磨的成品。他们本身就是勒德罗的慢城之景。

二、轴轮：政府

政府在小镇的运行及管理中也起到了关键作用。

（一）职位设置

勒德罗是一个设立市长和镇议会的教区。整个教区归属于什罗普郡管辖。勒德罗每四年选举一次，选举产生的议员到什罗普参选。

（二）小镇管理

小镇议会主要负责勒德罗的日常维护和管理。

对于市集来说，镇议会为其提供了资金支持，更新并维护了整个的市场运作，并且对市场进行监督，定期检查商家提供的产品，保证市场的环保性和本土性。

对于城市规划，议会大量建设公共设施，利用公共资源服务小镇居民和游客，促进其发展。

第四节　城市发展特色：古韵仙境

一、建筑：在 900 年的记忆中游走

（一）教堂

勒德罗小镇是一个有议会和市长的教区。在这个教区中，耸立着全国最大的教区教堂之一，圣路易斯大教堂，它还有一个更为人熟知的名字：边疆

大教堂。40 米高的塔楼巍然耸立，在附近的街上，抬头就能望见其顶部。圣路易斯教堂是中世纪小镇繁荣程度的象征，在大教堂中，丝毫没有身处偏僻小镇的感觉，反而像是身处于伦敦宏伟的建筑之中。圣劳伦斯大教堂的建筑风格独树一帜，并有许多由石头、玻璃和木材制作而成的艺术珍品，如精雕细刻、艺术价值极高的赎罪椅。在这样恢宏的建筑中行走，内心也不由得变得宁静而虔诚。镇上的居民或者附近的人们都会来教堂虔诚地祈祷，祈求内心的平静。

1999 年，圣劳伦斯教堂成为英国千座最佳教堂中得到五星级评定的十八座教堂之一，这也证明了其在英国的重要地位。

（二）城堡

城堡是勒德罗的象征，诺曼人在统治英格兰后修建了大大小小几百个城堡。在数间城堡之中，勒德罗古堡是英国小镇中最大的，也是最负盛名的一个。在英格兰与威尔士的战争中，这间古堡发挥了重要的作用。它的城墙堡垒作为防御工具，四处隐蔽着楼梯密道和隐蔽的角落。诺曼式的主楼修建于 1090 年，后来于 14 世纪被改建成了一处王宫。

斯托克赛城堡位于勒德罗西北，由当地著名商人劳伦斯建造，于 1291 年竣工。历史学家亨利·萨默森认为，斯托克赛城堡是"英国保存最完好的中世纪堡垒庄园之一"。城堡由一座围墙围拢起来，通过木制和石膏制的门楼与庭院相连。在城堡内部，庭院与一个石制大厅相对而立，由两个石塔保护。13 世纪的木梁天花板与 17 世纪的雕刻装饰在城堡中相映成趣。整个建筑的风格仿照爱德华一世在北威尔士建造的城堡群，安全而舒适。从 13 世纪以来，斯托克赛几乎没有什么变化，就连花园都保留着中世纪的首任主人修整后的样子，是一个罕见的保存完整的中世纪建筑。

现代勒德罗中心地带的城墙已经消失，但一扇城门保留了下来，它是勒德罗的建筑瑰宝。这座门是宽街城门，它一直迎接朋友、震慑敌人。它保存完好，目前已经存在了 700 多年，仍是勒德罗的主要通道。很多小镇的中世纪城门和城墙早已被现代建筑和宽阔的马路所取代，但勒德罗的城门还保留着，一旦发生战争，铁闸门就会落下，把小镇隔离成固若金汤的堡垒。

（三）博物馆

如果还想了解勒德罗悠久的历史，可以去其博物馆细致地参观。拉德洛博物馆不大，只有三层，于 1995 年开放，讲述了勒德罗历史上发生过的重要事件，时间从青铜时代直到今天。博物馆里还有与考古学、地质学和印刷术相关的展品。

（四）街道布局

勒德罗拥有 500 多座国家保护建筑，经典建筑在小镇比比皆是，包括中世纪和都铎式的半木结构建筑物。镇上许多房屋仍位于其原址。对称的网格状街道 900 年来几乎未变。在勒德罗，不仅街道富有特色，就连建筑物的占地也和 900 年前完全一样。中世纪的租地法对建筑物有严格的规定：宽度必须是 5 米，固定的宽度展现了美妙的节奏感。小镇和谐的景致就源于这种节奏，建筑高低错落，遥相呼应。与此同时，起伏的屋顶还与周围景色完美地融合在了一起，城镇与自然，形成了一幅绝美的画面。

不过最绝妙的还是小镇当初的主要街道——宽街。建筑史学家阿莱克里夫顿泰勒曾如此形容：过目不忘，堪称英国之最。漫步在宽街，仿佛回到了优雅的 17 世纪，许多红色、黄色、褐色的砖石房屋临街而立，它们大多是当地贵族、富绅们修建的。在中世纪，经营羊毛、织物和衣物的商人拥有街上三分之一的豪宅。贵族使勒德罗成为高端边界休闲小镇。这里的每一栋建筑都各具特色，但在一条街上却显得无比协调。街上行人很少，也没有嘈杂的音乐与刺目的灯光。一切都是那么静谧，徜徉其中，脚步也不由得轻缓了许多，生怕打扰了宽街的宁静。

二、美食：英国精工烹调运动之都

慢城的概念最早源于意大利奥维多，倡导人们注重生活质量，以自产自销农产品来繁荣经济。

勒德罗依托产粮区的地理优势，自然而然地成为美食复兴运动的发源地。人们普遍认为"慢城运动"源于"慢食运动"，慢食主义的推行对于慢城的建立和发展起推动作用。"慢城运动"是在"慢食运动"中衍生出来的，勒德罗是"慢食"运动的第一个英国会员，但在公共资金的争议之后，它就退出了此项运动。它也曾是英国唯一一个有三家米其林三星餐厅的小镇，数目仅次于伦敦。勒德罗精工烹饪的纯本土食品，如面包、香肠等，在英国都享有盛名。每年 9 月的勒德罗美食节连开三天，如今已是第 18 年，是绝对不可错过的庆典。

美食节是勒德罗名扬全国的重要原因之一。在勒德罗美食节，慕名而来的人们可以品尝和享受当地精细的食物和饮料。美食节将勒德罗人崇尚本土化、手工制作的特点发挥到极致，几乎所有的食物都是由本土生产的，极少出现外来商家或食物。2017 年，参加勒德罗美食节的生产者更是多达 180 多家，各种美食琳琅满目，果酱、派、英式甜点等，应有尽有。

三、市集：仙境中的人间烟火

集市文化是小镇重要的构成部分，城堡外的集市广场成了小镇的心脏。最初，当小镇还是一个名不见经传的羊毛交易市场时，市集活动就已经开始，而顾客在市集讨价还价的场景已延续了近千年。如今的市集仍保留着羊毛交易，不过随着时间的推移，越来越多的土特产品加入到了其中，范围从新鲜水果蔬菜、当地酿造的红酒、烈酒，一直到当地时尚设计师手工制作的木制家具和油画。勒德罗在城堡广场举行定期的户外市集，一般市场在星期一、星期三、星期五和星期六举行，专门市场（例如工艺品、古董、当地产品）偶尔在星期四和星期日举行。每月两次的农产品集会始于 10 年前。他们都由小镇议会专门管理。

勒德罗古风犹存，最主要的市集和中世纪一样开在周四。不过中世纪的时候要热闹得多，商贩大声叫卖，借此吸引游客，更有甚者，不惜直接到街上拉人购物，颇有一点强买强卖的意味。现在则文明多了。来这个市集的人有远有近，买卖双方都把这当成趣事，在悠闲的氛围下生意却很好。三五个老顾客托着下巴和店主说说笑笑，新顾客也不会觉得生疏尴尬。吸引了众多当地居民和游客。

随着现代化的发展，英国很多的市集都被大型连锁超市所取代，渐渐消亡，但勒德罗是个例外，不但没有受到影响，反而因其他集市的消失而增加了自己的客源，生意和名气都非常好，成为 21 世纪成功市集的典范。英国国家《生活》杂志也称勒德罗为"英格兰最好的市场小镇"。

第五节　未来展望

看似完美的勒德罗本身也存在着巨大的发展障碍。勒德罗小镇在发展中遇到了哪些问题呢？它坐拥如此丰厚的历史文化资源，今后又该如何发展呢？

一、发展问题

（一）贫富差距问题

在看似富足的小镇中，存在着一个贫民窟。它就是采沙场社区。20 世纪 30 年代，镇议会开发了勒德罗西北角，建成了采沙场社区，近 4000 人居住于此。在整个南什罗普郡，采沙场是最贫困的社区。小小的城镇根本无法保证充足的就业机会，而其他的城市又太过遥远，导致青年人失业问题非常严重。在这个实际上的贫民窟中，许多房屋都根本不能居住，但多数镇民对此并不关注。对小镇社会问题的抱怨，也是在指责多数镇民的冷漠。青年的失业问题是小镇非常大的不安定因素，此问题不解决，会是小镇一个巨大的隐患。

（二）人口老龄化问题

除了过大的贫富差距外，勒德罗还存在着中心城区人口老龄化严重的问题，30% 以上的居民超过 60 岁。严重的老龄化对当地的养老造成了很大的负担。如果没有持续增长的经济做支撑，整个小镇将会陷入尴尬的境地：青年没有工作，老人无处可依。严重的老龄化迫使小镇需要尽快找出应对方法，推动小镇的良性发展。

二、发展方向

（一）协同驱动——旅游带动经济发展

为了解决以上问题，小镇多方需要持续的努力。首先，政府需要开始重视这个问题。建设采沙场社区是一个方法，但它只是把贫穷的人聚集到一起，无法从根本上解决问题；老龄化问题更是如此，单靠提高养老标准显然不可行。要利用资金支撑，政策鼓励，促进青年居民就业，解决其就业问题。其次，居民自己也要努力奋斗，摆脱困境。比如某前拳击拳手在采沙场建立了拳击场，免费教年轻人打拳，帮助管理社区。这种方式让年轻人不再混迹街头，将怒火以正当途径发泄出来，同时，让其参加拳击比赛，以这种方式筹集捐款。这项活动体现了勒德罗的精神：自律、自信、自强以及其重建小镇的决心。多方联合、共同努力是勒德罗未来实现可持续发展的基础。这也是小镇发展的核心。

发展旅游，是一个非常可行的方法。旅游带动就业的力量不可小觑。旅游业是一个复杂的综合性产业，提供了游客旅行过程中所需的全部服务和产品。旅游业的多样化决定了它可以提供的工作种类繁多：既有基础服务工作，也有高级服务工作；既有一般业务工作，也有各类管理工作；既有脑力工作，也有体力工作。这些工作能够吸引不同层次的劳动者，解决大量劳动力的就业问题。勒德罗本身有非常优秀的旅游资源，又是国际知名的慢城，有广泛的游客基础，发展旅游业有天然的优势。在此基础上，应该加强宣传，并建设旅游基础设施。目前勒德罗并没有官方旅游网站，只有勒德罗节日网和各旅游景点自己的网站，资源非常分散，没有得到整合。而且基础设施方面也十分薄弱，酒店等接待设施十分不足，旅游承载力总体偏弱。要改变这种局面，就要对勒德罗进行整体规划，在保护的基础上开发，提高其旅游吸引力和承受能力，拉动当地就业，帮助解决社会问题。

贫富差距在所难免，阶级也不会消失，重要的是让各阶级都有归属感，把小镇当成自己家。通过发展旅游，可以加强社会参与，为年轻人，尤其是那些无法找到工作的年轻人提供大量的就业岗位。这样一方面可以缓解小镇老龄化的问题，另一方面也可带动当地经济发展，减少贫富差距。更重要的是，发展旅游业，有助于推广勒德罗自身的文化，提高居民的文化认同感，这对于一个地区的良性发展来说是至关重要的。

（二）坚守本真——传承本土乡村文化

勒德罗小镇，地处偏远，常住居民不多，想要繁荣兴旺，就必须吸引人来定居。交通不便是它一个巨大的障碍。在这个障碍下，小镇只有提高自身的吸引力，追求卓越甚至完美才能谋求发展。

那么如何提高吸引力呢？核心就是要保护自身传统文化。这主要分为两部分：一部分是对外在展现形式（建筑、文物、节日等）进行保护和宣传，保证其外壳的吸引性。这个部分相对简单。目前镇上的500多个国家保护建筑都由政府出资进行维护，防止其遭到破坏。特殊建筑（大教堂、古堡等）的负责机构也会定期对其进行保护修复。与此同时，他们还动用公众的力量，召集志愿者，筹集捐款，保护街区及建筑。

另一部分则是进一步发扬城市的精神内核，这部分则相对要难得多。当今时代的发展主题就是"速度"和"效率"。如何处理小镇的"慢"与外部世界的"快"这一矛盾？当连锁商场充斥在城市中的时候，人们是否还愿意定期驱车，翻越山丘，来购买小镇的本土产品呢？而镇内的人，尤其是年轻人，又是否能守住寂寞，坚守传统，继续在小镇中生活呢？这个问题需要多方面的力量来解决。

正如前文所说，旅游是小镇发展的一个合理方向。在发展旅游中，如能平衡开发与保护的关系、旅游者与小镇居民的关系，那么在发展经济的同时也能保护小镇自身独特的文化，这可以为小镇的可持续发展做出重大的贡献。

勒德罗，这个诗一般美丽而又古老的地方，只有将传统与现代融合，才能焕发出新的生机。

健康养生旅游度假区篇

第五章　美国太阳河度假区
——度假与居住的完美结合

第一节　初识"太阳河"：全方面多功能社区

一、地理位置

太阳河度假区在美国太平洋西北区，俄勒冈州德斯特郡本德市南面25千米处的沙漠高地上，在德斯特河东侧，北、东、西三面被德斯特国家森林环绕。

二、占地规模

太阳河度假区由豪华度假区和住宅社区组成，占地面积13.4平方千米，被誉为美国前10大家庭旅游度假区，是不同年龄的度假游客爱好者、户外运动爱好者的休闲度假天堂。

三、发展状况

太阳河度假区是由自己的业主协会自治，有公共工程部门也有支出预算，德斯特郡政府建立了以税收为基础的特色服务区，提供全面警备警察、消防和紧急医疗服务。度假区拥有绿草如茵的草地和美丽的松树林，是美国著名的度假目的地，已发展为度假和居住完美结合的城郊社区。

四、主要活动与服务

太阳河度假区拥有优质的度假设施，塑造了度假生活的丰富度，可以开展运动类活动（如高尔夫、网球、游泳、骑马、独木舟、皮划艇、泛舟、飞行捕鱼和骑自行车等）、康体类活动（如远足、水疗和健康中心等）、会议商务活动（如团队会议等）以及特色类活动（如观鸟与拓展训练等）；与此同时，游憩活动成为太阳河度假区周末短期休闲的核心吸引力，太阳河马场、儿童夏令营与公园及游乐场所成为游憩活动的热门选择。

太阳河度假区整合开发混合游憩区与度假居住区，提供完善的社会生活服务、运动教育服务、亲子教育服务和教育培训服务。创新、便利的配套服务，深度体验运动的空间养生场所，使得太阳河度假区成为美国著名度假旅游目的地。

第二节 产品体系：四大体系完美结合

一、"旅"体系

太阳河度假区常住人口约 1700 人；夏天旅游旺季，每个周末太阳河度假区的人口都会增加到近 20 000 人，游憩活动成为周末短假休闲的核心吸引力。

（一）太阳河度假区旅游度假环境

1. 独特的自然环境

太阳河度假区得天独厚的自然环境远远优于其他社区，沙漠地带和喀斯特熔岩形成了独特的地理环境，拥有优越的地理景观；开发商一开始就认识到，必须尽量减少人类活动对环境的干扰，维护美丽和宁静的森林环境。为此，区域内所有建筑物和人工景观都要求与周边的自然环境和谐统一，度假区规划时打造了 25%~30% 的公共空间来保护松树林，让所有人都能得到视觉上的享受。

同时，度假区无条件地保护自然环境，保护德斯特河；不进行任何的建筑开发或造成视觉上的负担；在不破坏自然条件和地理条件下开发道路和公用设施系统。在设计建筑物和基础设施时，要退让森林环境，建筑物以低层为主，必须使用木质材料，高度不能高于旅馆前的黑松。由此可见，自身优越的自然环境加上开发商强烈的保护理念，使得太阳河度假区得到可持续发展。

2. 完善的度假设施

太阳河度假区交通便利，度假区内开发了步行和自行车的交通体系，以减少使用汽车和其他会产生污染的交通工具；度假区拥有丰富并且多样的主题度假设施，如运动类设施、康体疗养设施和休闲观光设施等，以及自行车道、婚礼小教堂等特色设施，丰富活动类型，让旅游者拥有多样的选择。

（二）面向家庭的旅游项目

太阳河度假区针对核心客户——家庭客户，开发了有针对性的游憩场所、运动设施和商业休闲设施。太阳河度假区提供超过1300万平方米的全年家庭娱乐区，被贴切地命名为美国"西北第一家庭度假胜地"，并被投票选为"家庭团聚"十大度假区之一，太阳河度假区成为家庭聚会的完美目的地，包括特殊纪念日、生日、婚礼或越野集会。

太阳河度假区拥有专门针对孩子的娱乐场所。例如，Finnegan城堡是一个供孩子游乐的场所，小孩子们可以在这里做游戏、制作手工或进行户外冒险；还为青少年提供探险活动体验，包括飞盘、高尔夫、清道夫狩猎、室内攀岩、漂流等项目。在太阳河度假区，整个家庭可以享受骑自行车、徒步旅行、骑马、划独木舟和皮划艇等活动项目，还可以体验生态观光及绳索课程。度假区拥有适合家庭聚餐的各类餐厅，可供人们欣赏西部壮观的景色并品尝美味佳肴。

太阳河提供了各种形式的家庭聚会的娱乐场所，有可容纳30~40人的炉边室，也有可容纳250人的大会堂庭院，旅客们可以用作家庭聚会及婚礼场所等。

（三）会议及团体旅游项目

太阳河度假区获得过智能会议铂金奖，其拥有美国西北部最大的会议接待设施，以会议为主的度假活动，从春季开始就有集会团体登记，一直延续到秋季，不断有大小会议在此展开。

在硬件方面，太阳河度假区有优势型的会议设施建设，增加了对主要会议客户的持续吸引。太阳河度假区拥有超过4200平方米的功能灵活的会议和宴会空间，有服务完善的商务中心，提供现场娱乐服务和完美的会议礼宾服务、现场IT技术服务。度假区拥有国家最先进的专业视听设备，提供免费无线上网及视频影像服务。

在软件方面，太阳河拥有丰富多彩的团队拓展项目，冬季有各色的雪地娱乐项目，春夏秋季也有独具特色的创新项目体验，例如团队自行车游览、趣味长跑散步、独木舟漂流以及多样的野外挑战赛，度假区内还提供专业的团队竞赛项目服务。

（四）创新体验类旅游项目

太阳河度假区拥有溶岩床、高耸的雪山、广阔的林地和湍急的河流，是一个让户外运动爱好者梦想成真的地方，提供给旅游者各式各样的选择。迪修特斯国家森林公园和周围的荒野地区提供骑山地自行车服务，更是远足、骑马的好去处；冬季旅游项目中，这里有世界一流的滑雪场地，旅游者可以选择单板滑雪、X越野滑雪、狗拉雪橇、雪地摩托、雪鞋健行等活动项目；同时，还可进行湖面泛舟、划船、山体攀岩、飞蝇钓&旋转钓、洞穴火山旅等活动。总之，几乎任何你能想到的户外活动都可以在这里进行。在这里，人们可以体验无限的可能。

二、"居"体系

太阳河度假区提供不同档次和规模的优质度假居住物业，划分出一定比例的物业由出租管理机构短期出租。太阳河度假区大约有4200个住宅和住宿单位，包括单一家庭住宅、公寓、小木屋和农舍，度假区从中挑选出400户作为短期出租住宅，由4家专业的度假居所出租管理机构负责运营，度假游客可租住私人拥有的单家庭住宅或产权式度假公寓，也可以住宿在度假村旅馆中，这样避免太阳河完全的私有化，固化一定比例的公共接待设施，有利于区域度假区特质的体现。居住的类型可分为三类：临时性度假居住，例如酒店、公寓；周期性居住，例如度假别墅、二居住宅；永久性居住，例如养老居所等。

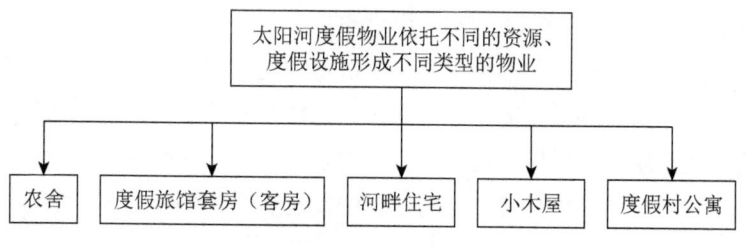

太阳河度假物业类型结构

三、"业"体系

太阳河度假区内含丰富的业态体系，支撑整个度假区的运营，从业态类型上可将之分为度假服务类、旅游服务类、居住服务类。为打造以上三种功能，太阳河度假区配备了丰富的服务设施，这些服务中有的不单只为某个群体服务，而是服务所有度假者、短期游客、居民。"业体系"是太阳河度假区长盛不衰的保障，也是带动活力、增强消费的重要组成部分。

度假服务类：度假区为度假者提供了丰富的度假生活设施，有美国人热爱的高尔夫，还有其他各种类型的体育运动设施，有地方特色的餐饮，有水疗和健身服务。这些设施的使用群体主要是度假者，但同时面向游客和居住群体。

旅游服务类：主要为游客提供服务，这些服务主要针对儿童和青少年游客，因为儿童和青少年是家庭群体的中心，且这些游客的活动需要精心设计，以科普、科考、解说为主要服务内容。

居住服务类：这些服务主要面向长期居住的业主，从生活配套方面完善，使居住区的服务功能满足商业、教育、就医等需求。太阳河度假区在度假、旅游服务物业和居住服务物业空间布局的过程中遵循了动静分离原则，度假、旅游服务布局靠近度假区，或分布于度假区内，而生活配套分布于居住区，实现了两者的分离，但又能共享使用。

四、"节"体系

太阳河度假区拥有多种类型的节庆活动、社区活动、假日狂欢和专题活动，构建了特色的文化标识，塑造了区域特色。

在太阳河度假区每年都会举办全国知名的夏季和冬季系列的音乐会，音乐会都有自己固定的赞助商，保证音乐会的持续和品质，打造以音乐为主题的度假节庆娱乐活动场所。迄今为止，太阳河度假区已经举办了三届太阳河马拉松，太阳河马拉松是波士顿马拉松的预选赛，在每年的8月举办，汇集了众多的马拉松爱好者。

高尔夫运动是太阳河度假区的主打运动，以三大高尔夫球场为主，进行深度挖掘，通过举办各种锦标赛，如著名的亚太业余高尔夫精英赛，进行名人推广，吸引大量游客，增加曝光度和美誉度。

其他节庆和活动还有拼布展览、葡萄酒节、啤酒节、奇异汽车展览、太平洋山脊铁人三项和运动节等。在各种节假日还有特别的活动，例如圣诞节等。

由此可见，通过四大体系的打造，四大体系相互紧扣，使太阳河度假区成了功能齐全、极具吸引力的旅游度假区。各个体系的设置都经过了细致的客户群需求划分，按年龄的项目设置，按家庭和企业需求的项目设置，按户外和室内的项目设置，按消费差异的项目设置，基本上客户想要的都能在太阳河度假区找到，满足了客户多样化的需求，拓宽了客户类型。四大体系的结合，使太阳河度假区构建了差异化的城市环境，为客户群提供了可深度体验的空间场所，以及创新变化的配套服务，从而发展成为完善的度假城。

第三节　功能布局：以游憩为核心，多点联动发展

一、以度假游憩为核心的总体布局

太阳河度假区总体布局为度假游憩中心布局，即度假居住物业围绕度假游憩设施外向延展。其中，度假游憩中心布局对整个区域起到中心带动作用。度假游憩设施布局在区域非优资源区域，通过度假设施的打造，将非优资源景观化，提升区域的整体价值；同时，利用度假、游憩设施布局在周边的环境干扰区域，起到对负面环境区域的规避。

与此同时，在居住物业布局方面，围绕度假设施外延扩张布局，形成与度假游憩设施最大幅度的价值联动；通过在资源优势地区，优先开发度假居住物业与利用度假游憩设施两种途径实现环境资源市场兑现，带来价值增值。

太阳河度假区分散配置度假、游憩设施，形成多点驱动，短期游客和长期游客的设施分区布局；由上一节可知，度假游憩是区域开发的核心驱动设施；在空间配置上，以充分提高土地价值为前提，有效地分散布局，增强每部分空间的功能；在度假区的主入口区，配置较多的度假游憩设施，形成区域开发的核心展示面，塑造区域核心吸引源；而在度假区的外围，则主要建设短期周期性游客的游憩设施，形成区域活力源。

太阳河度假区由环状道路网构建区域主体交通格局，并开发步行和自行车交通体系，减少使用汽车以及其他会产生污染的交通工具，创造并维持优

美的自然环境。

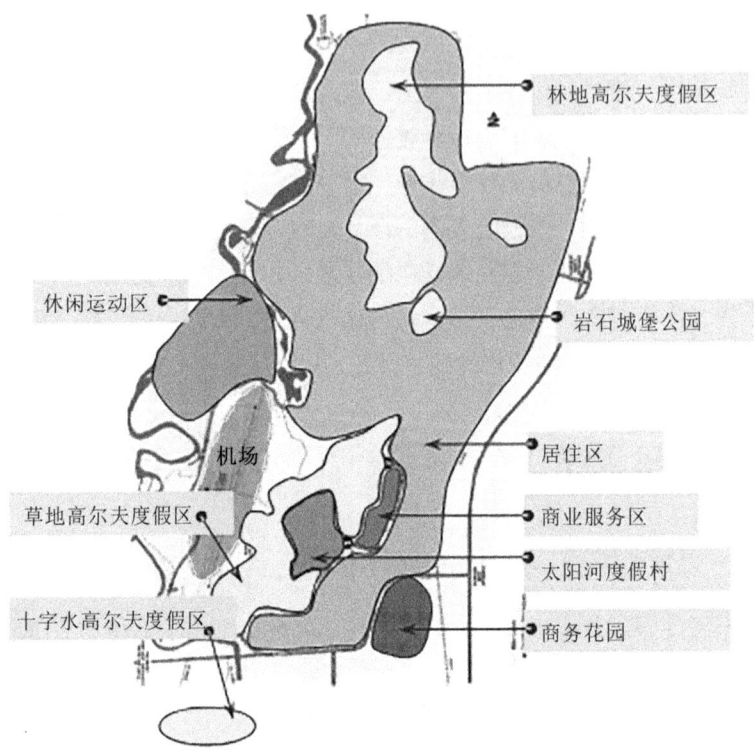

太阳河度假区总体布局图（图片来源于百度文库）

总体而言，太阳河度假区的开发密度适中，度假区严格控制别墅基地与度假物业基地的总体开发密度，构建物业与核心驱动设施的紧密联系。在整个度假区中，配置方式避免了都市化，游客度假主要是逃离城市的喧嚣，所以太阳河度假区展现了一种乡野情调，与繁华的城镇形成了鲜明的对比；度假区物业开发与度假游憩设施紧密结合，形成了良好的功能布局。

二、以多样化主题建设满足多层次客源需求

太阳河度假区围绕不同主题，有针对性地建设各类设施。这些设施涵盖的主题范围广泛，建立了对多种类型客户的丰富吸引力。（如表5-1）

表 5-1　太阳河度假区设施概况

主题度假设施	详情
运动设施	高尔夫球场（林地球场、草地球场、十字水球场）
	网球场
	游泳池
	马场
	健身房
生态教育设施	公园
	自然中心
	天文馆
	艺术科学博物馆
	商务花园
康体养生设施	水疗
（商业）休闲娱乐设施	餐厅
	酒吧
	咖啡馆

　　太阳河度假区拥有优质的会议设施，是拥有美国西北部最大的会议接待设施的度假区，完善并且先进的硬件设施吸引了大批客户前来。太阳河度假区对会议客户有着持续的吸引力，每年从春季到秋季均有会议客户预订。这里拥有超过 4200 平方米的功能灵活的会议和宴会空间，提供现场娱乐服务、IT 技术服务、会议礼宾服务和视频影像服务；这里拥有商务中心以及国家最先进的专业的视听设备，是集会议功能与度假功能于一身的度假区。

　　除此之外，太阳河还针对会议团体客户举办团队拓展建设活动，如团队自行车游览、长跑散步、独木舟漂流、定向越野、帆船比赛、挑战绳索训练、团队竞赛等一系列团队建设项目，利于团结团队游客或让团队游客更好地融为一体，互相认识对方。实际上，这也是太阳河度假区整合利用已有的度假设施，提高设施利用率的有效方法，同时也让会议团队游客的度假形式更加多样。

　　除了主题设施与会议设施外，太阳河度假区还进行了特别的设施建设。这里拥有 55 千米长的自行车道，这也是太阳河度假区的一项重要资产。通过自行车道的设计，将区域内所有的度假、旅游进行了有效连接，一方面形成了有效的人流游览流动线；另一方面成为度假区极具标识感的运动休闲设施，成为区域亮点。

太阳河度假区还建设了富有特色的婚礼教堂，分为室内与室外两种。有多种婚礼场地可供选择，可容纳不同人数的旅游者。婚礼教堂的建设，使度假区的功能更加多样化，并且为度假区增添了几分浪漫的气氛。（如表5-2）

表 5-2　太阳河度假区室内外设施

室内	炉边室（30~40人）
	大会堂（主要场所，可容纳300人）
	传统房间（可容纳100人，私人露台，山地草地景观）
室外	农庄（500人，可分割成任意空间，适合各种规模的团体）
	草坪（可容纳200~250人）
	会堂庭院（可容纳250人，带帐篷）

太阳河度假区结合自身资源环境的特点建设了以上系列配套设施，与城市酒店之间形成显著差别，避免了雷同，形成了独特的吸引力。太阳河度假区在设施建设方面不仅做到了维护优美环境，使空气清新，让人们醉心于大自然的美好风光，而且在设施的建设上更是别出心裁，康养设施、会议设施、运动设施等为旅游者营造了舒适的度假环境，同时注重环保，步行游憩系统和环保公共交通系统都做得非常出色。太阳河度假区的这种建设特点值得其他度假区参考。

第四节　经营策略：全方位可持续建设

一、精准定位目标客源市场

太阳河度假区针对核心客户——家庭游客，开发了有针对性的游憩场所、运动设施和商业休闲设施。太阳河度假区相当一部分游客为周末游客，并且多数是家庭出行，客户散布各州，主要集中在太平洋地区与加州地区；每年都吸引很多来自美国西北沿海多雨都市及加州市中心的家庭和退休夫妇前来度假。因此，太阳河度假区进行了精准定位，建设了一系列适合家庭出行的设施项目,具体的项目在前文详细提到过;再者家庭还可以在度假区一起享受骑自行车、徒步旅行、骑马和划船等,或者选择到特色餐厅与酒吧品尝美味佳肴。太阳河度假区内一系列的适合家庭度假的配套服务与设施吸引了源源不断的家庭度假旅游者。

二、节庆营销

太阳河度假区拥有多种类型的节庆活动、社区活动、假日狂欢与专题活动(见表5-3),构建了太阳河度假区的特色文化标志,塑造了区域特色。

表5-3 太阳河度假区部分节庆和社区活动

日期	活动名称
9-20	西北运动竞技决赛
9-20	第三届纽北理高尔夫锦标赛
9-26	第四届本德市啤酒节
9-28	家庭探险博览会
10-15	洞穴之旅
10-28	俄勒冈中央区交响乐团秋季音乐会系列
11-1	拉丁之夜
11-8	火山葡萄园酿酒节晚宴
11-11	俄勒冈中央区南瓜节
11-26	2008-2009年炉边音乐会
11-28	太阳河彩灯节
12-15	太阳河音乐节—古典圣诞会
12-16	2008年太空探险
12-25	大型圣诞晚宴
12-29	圣诞节鸟类研究活动
12-31	除夕庆祝会、除夕家庭之夜、除夕青少年舞会

每年,太阳河度假区都会举办全国知名的夏季、冬季音乐会,以及各种节庆与活动,如高尔夫精英赛、葡萄酒节等,大大提高了度假区的知名度。太阳河度假区在开发自然资源的同时深入挖掘文化资源,每个季节均有节庆活动,超越了季节的限制,减少了季节性造成的负面影响,扩展适游周期,

强化整体营销。

三、将可持续理念贯穿进度假区各方面

太阳河度假区非常注重可持续发展，制定了可持续的综合开发计划，保证区域开发目标的最终实现。

在前期，度假区为营建高品质的综合环境，集中建造设施，使第一阶段的设施更易于经营与管理，综合考虑了社区社团管理和区域安全问题。

同时，太阳河度假区重视区域生态环境保护，制定了一系列生态保护政策，具体政策如下：

1. 无条件地保护自然环境；保护河流与草地，不允许任何的建筑开发造成视觉上的负担，并且在不破坏自然地理和地质的条件下开发道路和公用设施系统。

2. 打造公共空间，保护松树林。

3. 设计建筑物与基础设施时，要退让森林环境，建筑物以低层为主，保持灌木植物与火山岩的原貌。整个区域的建筑物必须使用木质材料。

4. 研究区域海拔1341米沙漠高地的独特气候特点，为雨雪、冰冻、零度以下大气等极端气候做好准备。

5. 开发步行和自行车的交通体系，以减少使用汽车和其他会产生污染的交通工具。

综合来看，太阳河度假区提供了一个自然的居住环境，而不是城市化的、拥挤的城市环境。太阳河度假区在保护区域生态环境的基础上，建造了一个度假区和居住区完美结合的社区。

四、资金使用策略

太阳河度假区的运营并非一直一帆风顺。在收支平衡之前，太阳河度假区也曾经有将近8年时间处于亏损状态中，并且赤字金额总计达到45万美元，完全由开发者单独承担。最后太阳河度假区是如何扭转局面的呢？其资金策略有以下几点。

（一）投资公用设施

在资金允许的条件下，应当在出售不动产之前就事先建设好公用设施；太阳河度假区在一开始就在区域公用设施的部分投入相当多的资金，确保度

假区有良好的环境品质，完善的配套服务设施，使其成为最有力的卖点之一。

（二）控制投资比例

各种设施及游憩设施的前期投资必须视土地和房产交易的多寡，按照比例适当控制；有效地避免过度投资造成不必要的浪费，同时也可以降低风险。

（三）合理分配

整合专业的开发承包商和旅游设备提供商，共同营造区域，分担区域整体开发的资金风险，加强每个领域的专业性，进行合理分工。

（四）资金维护

太阳河度假区建立常设的维护区域资金的协会，构建富有弹性的区域维护资金使用计划，保证资金的安全。同时，从资金的配置管理、资金的使用效率管理、资金的安全管理等方面制定策略，使度假区扭亏为盈，促进持续性的发展经营。

第五节　太阳河度假区发展模式总结

太阳河度假区属于典型的综合性度假区，对于国内众多度假区而言有很强的借鉴意义。通过以上内容我们可以看到，太阳河度假区的成功不是一蹴而就的，更不是单一依靠某个领域，而是各方面都做到尽善尽美。从策略的制定、资金的使用、功能的布局到设施的建设，都体现了太阳河度假区管理者的可持续发展理念，这也是太阳河度假区生态环境得以良性发展的重要原因之一。对于未来的旅游度假区，根据太阳河度假区的经验，管理者应当关注以下几点：(1)做好资源分析；主要包括项目的自然资源和市场资源两种资源分析。(2)市场开发，做好目标顾客定位，开发项目时才能更具有针对性。(3)创意策划。在资源分析的基础上，结合目标市场的特点对产品进行创意策划，是建设旅游度假区的必经之道。策划的核心在于对资源和市场需求的认识。(4)特色文化。这是决定度假区在市场竞争中能否立于不败之地的关键因素，中国现有度假区的一个重要的问题就是雷同。只有形成自己独特的吸引点，才能具备核心吸引力并与其他度假区区分开。(5)产品多元化。中国现有度假区有相当一部分的产品构成单一，除一般的自然资源外，就是酒店、棋牌、酒吧、室内运动等设施，缺乏针对不同细分市场、不同市场需求的对应产品组合。旅游度假区应该根据自身的客源结构开发对应的不同产品，以满足不同的市场需求。（6）主题活动。一个好的主题活动不仅会开发出一个稳定、甚至不断增长的粉丝市场，而且，会成为度假区产品的重要组成部分。（7）交心服务。服务已经成为度假区产品的重要构成部分。如果缺乏员工热情周到的服务，度假区的功能设施只能是冷冰冰的房子等，不可能引起游客的兴趣。（8）社区友好。一个好的旅游度假区应该是在整体利益最大化的前提下，实现度假区在经济、环境和社会三方面的均衡可持续发展。（9）开发适度，坚持可持续理念。适度的开发是保证度假品质的需要。只有坚持可持续发展观，才能让度假区有更好的发展。

第六章 法国依云小镇度假区
——阿尔卑斯山畔的童话小镇

第一节 区域概况:"神水"滋润的欧洲小镇

散落在大城市周边的欧洲小镇,会颠覆旅游者对于疲劳旅游的固有观念。狭窄整洁的街道,童话般的小木屋,当地居民亲切而善良的笑容,都会让时间渐渐变得缓慢。如果说旅行是为了摆脱生活所有的桎梏,法国的依云小镇会让你忘掉一切。

一、地理位置

依云小镇,又译为埃维昂,位于法国上萨瓦省北部的艾维昂勒邦(Evian-les-Bains),镇上有7000多名居民。它背靠阿尔卑斯山,面临莱芒湖,湖对面是瑞士的洛桑,距离日内瓦45千米,属于地中海气候。

二、核心资源

(一)依云矿泉水

依云小镇以水著称,埃维昂即"水城"之意。由于依云小镇背靠阿尔卑斯山,来自高山的融雪和山地雨水在阿尔卑斯山脉腹地经过长达15年的天然过滤和冰川砂层的矿化形成了依云水;水厂将珍贵的依云水接进来,不经过任何人工处理,直接灌装入瓶,贴上"EVIAN"标签,在世界各地销售,并组成一个叫APM的协会,由协会出资保护土壤、鼓励植树等。

依云镇与水的关系非常亲密。在依云镇,70%的财政收入和依云矿泉水相关;矿泉水厂900多名工人中,3/4来自当地,也就是说,在这个7000多人的小镇里，至少有 10% 的居民与依云水发生着直接的关系。并且依云镇还是世界上唯一一个可以免费品尝依云水的地方。在依云小镇上有 4 个公共饮水点，依云水长年累月地流淌着，供镇上的人免费饮用。清晨或黄昏，镇上的居民都会排着队装饮用水，只需十几秒就可以装满 2 升容量的空瓶。

（二）建筑

依云镇的大部分建筑建于 1870—1913 年，市政厅、博彩中心、大教堂等地标性建筑都面朝莱蒙湖，是典型的 19 世纪法式建筑，极具观赏性，也是依云小镇的最佳吸引点之一。

（三）温泉

在镇上，关于水的第二个创奇是 SPA，可以称为世界上最专业的医疗温泉。世界上有三大著名的中低温地热田，匈牙利、俄罗斯、法国各占其一。法国拥有的温泉数占欧洲的五分之一，而法国人最引以为豪的则是他们的医疗温泉，依云温泉是其中的代表。依云温泉号称世界上唯一的天然等渗温泉。温泉水的 pH 值几近中性，泉水清明洁净，含钙、镁、锌、锡等。由于温泉水具有独特的渗透性，一接触皮肤就可以迅速渗入皮肤表层，各种有效成分就能充分发挥作用，对治疗皮肤疾病、泌尿、消化及神经系统、心脏血管等方面的疾病有较好的疗效。

今天，法国拥有 104 个温泉疗养所，每年接纳 65 万个疗养者。现在世界公认，当今世界的医疗温泉，以法国为最好。

（四）鲜花

依云小镇气候宜人，非常适合花草生长。因为花卉众多，依云小镇被誉为"最多鲜花"的城市。当地的居民很擅长用美丽的花卉打扮家园，镇里有一个专门培养鲜花的温室，供整个城市之用。鲜花很好地点缀了依云小镇，不仅使空气清新、芳香，更给人视觉上的享受。

第二节　依云小镇发展历程：因水而生，因水而盛

一、依云水历史概况：贵族发现，皇帝赐名

1789 年夏天，法国大革命正如火如荼，一位名叫 Marquisde Lessert 的贵族逃亡到了依云镇。当时的他患有肾结石，喝了一段时间的依云矿泉水之后，

肾结石奇迹般地排出来了，依云镇的水就此"一喝成名"。

各地来依云镇寻水的人越来越多，贵族察觉到其中的商机，便将他最早发现泉水的地方用篱笆围起来，将水装在瓶里出售。"神水"传到宫里，拿破仑三世翻开辞典，将一个拉丁文单词EVIAN（其本意为"水"）赐给该镇做地名。为了保护这来之不易的天赐礼物，法国政府还特别立法规定：依云水源地周边五百千米之内，不许有任何人为的污染存在。

1978年，法国药学院经过严格的取样分析、化验，认定了依云矿泉水的医疗功效，肯定了依云矿泉水是世界上唯一的天然渗温泉水。

现在，因为依云矿泉水，依云小镇成为一个非常有名的旅游城市。靠水吃水的依云人对水源地自然是无比珍惜。依云矿泉水的制造商将水源地周围的村庄组织起来，组成一个叫APM的协会，由协会出资保护环境、水源不受污染。

二、依云小镇的发展阶段：综合性度假区的兴起

依云小镇的发展可分为初期、中期与高度发展三个阶段。初期阶段，因依云水奇迹般地治愈了肾结石疾病，使得这里渐渐被大家所熟知，法国贵族

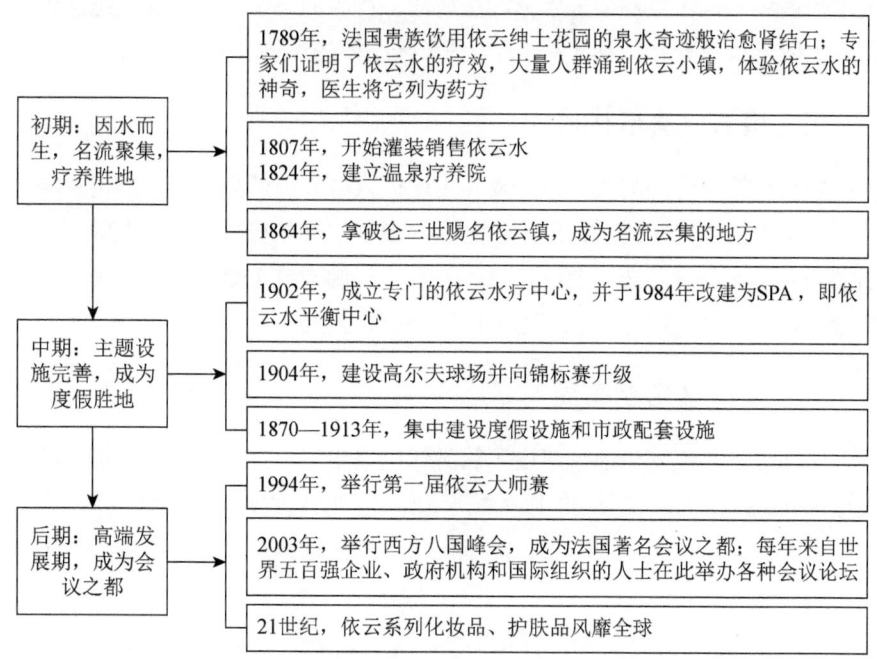

依云小镇的发展历程

名流开始聚集；中期阶段，进入 20 世纪以来，依云小镇设施不断完善，水疗中心等机构的成立使依云小镇成为水主题养生度假胜地；后期阶段，小镇成立会议中心，发展进入成熟阶段，并最终成为具有旅游度假、运动、商务会议等多种功能的综合性养生度假区。

第三节　依云小镇产品特色：疗效神奇的依云水

一、依云水平衡中心

1824 年，第一家温泉疗养院在依云小镇建立。1902 年，专门的依云水疗中心成立，并于 1984 年改建为 SPA，即依云水平衡中心。在这个中心里，你可以轻松享受依云天然矿泉水的神奇力量：依云水平衡中心所用的水都是依云水，在按摩浴缸里你可以尽情放松，有专业的按摩师根据病痛的部位给你进行全方位的按摩，装满依云天然矿泉水的游泳池更是前来依云水平衡中心的人们喜欢去的地方。在婴儿出生后的 3 至 9 个月，妈妈们带着宝宝来到依云水平衡中心，宝宝在依云水泳池里游泳，产后的母亲也可以在此迅速恢复体形。依云水平衡中心是众多游客前往依云小镇的重要吸引点之一。

二、度假区客群构成

依云小镇除传统的医疗康复及养生度假人群外，商务旅游人群也逐渐成为区域的主要客群；同时，每年的世界女子高尔夫球赛事即依云大师赛也吸引了众多游客与参赛选手前往。总体来看，客源构成主要为常住居民、高尔夫爱好者、医疗康复人士、休闲度假人士和商务旅游人士。

三、度假区功能布局

法国依云小镇滨湖地带建设了旅游休闲集中区，位于腹地的小镇中心和度假服务区提供度假和居住的服务配套，形成四季皆宜的养生度假区。

滨湖旅游休闲区主要包括：游艇码头、湖滨休闲广场、博彩中心、滨湖休闲道。

小镇中心包括：火车站、体育场、教堂、学校、旅馆、工业区、居住社区。

度假服务区包括：依云水平衡中心、依云水厂、影剧院、酒店、餐馆、酒吧、广场、游客服务中心、度假物业、高尔夫球场。

旅游板块包括：乘船到附近日内瓦、洛桑、蒙特勒观光游览，或者乘直升机飞至勃朗峰滑雪。

旅游小镇和旅游度假区一样，必须进行功能分区，不能到处建设服务设施，这是一项很重要的原则。在进行功能分区时，首先要考虑旅游吸引物的构建和保护，其次要考虑交通以及服务设施的便利性，最后要考虑旅游度假区的滚动发展问题，不能在客源市场不足和建设资金没有到位的情况下在所征土地上全面撒网，要留下一定的土地用于未来的建设。

依云小镇通过构建多元的配套设施，逐步形成融矿泉水制造、美体保健、商务会展、旅游观光以及户外运动为一体的产业体系；在每个区域都有特定的服务设施提供，不仅形成良好的社区关系，而且也让游客得到最充分的体验。

四、产业组合与升级

产业组合：法国依云小镇通过构建多元的配套设施，逐步形成融矿泉水制造（依云镇70%的收入与矿泉水有关）、美体保健（健康管理、温泉疗养、美容中心、矿物医疗中心）、商务会展（会议中心、赌场）、旅游观光（观光码头、滨海广场、山地缆车、水上湿地花园）以及户外运动（高尔夫、滑雪场、游艇码头）为一体的产业体系。

依云小镇最初是因矿泉水而出名，随后依靠矿泉水逐步打响依云小镇的知名度，通过建设依云水平衡中心，打造最专业的温泉疗养，并结合系列配套服务设施与当地优美的自然环境，举办依云大师赛等，使得依云小镇成为国际知名的养生度假区。

产业升级：依云小镇以水资源为依托，以高端健康管理项目带动区域进入养生度假高级阶段，逐步建立完善的度假功能体系，同时实现了产业链的延伸和发展。

1. 18世纪末19世纪初

这一阶段以矿泉水销售为主，专家们专门分析并证明了依云水的疗效。

2. 19世纪中期

打造美容保健的核心功能，建立温泉疗养所，成为名流云集的疗养胜地。

3. 19 世纪末 20 世纪初

修建主体设施，完善配套设施，不断增加功能以实现功能复合，渐渐成为度假胜地。

4. 21 世纪

举办高尔夫球大师杯国家大赛和各种国际会议，研发销售美容产品，成立美容教育机构，产业不断升级。

第四节 经验总结与未来展望

一、依云小镇经验总结

近年来随着旅游市场的逐渐成熟，旅游消费的需求也有了新的变化，文化性和休闲性成为旅游消费的趋势，旅游小镇因其集合了文化体验、娱乐休闲、度假生活等多重旅游功能，而成为时下深受热捧的产品类型。依云小镇作为著名的国际养生度假区，为我们提供了经验参考。

（一）山水风光的典型代表

依云小镇背靠阿尔卑斯山，面对着莱芒湖，湖面水雾氤氲，湖水蜿蜒曲折，山色葱茏苍翠，犹如世外仙境般远离污染，整个城市安宁沉静，如一幅优美的风光画。优越的自然资源是依云小镇的一大特色，依云小镇属于自然资源依托型的风景小镇，远离都市繁华，却不乏市井里弄的韵味，虽偏居一隅，却从不乏人气。度假小镇的自然风光是影响旅游者选择的重要因素之一，开发者应当在初期进行一定的筛选，并要制定好相关的环境保护政策，使得度假小镇的优美环境得以可持续发展。

（二）具备核心吸引物

依云水，保持小镇"特色"的鲜明性。经过了长达 15 年的天然过滤和冰川砂层的矿化，依云矿泉水包含了天然、均衡、纯净的矿物质成分，适合人体需求，安全健康；在此基础上，依云矿泉水与依云 SPA 成了依云小镇的两大传奇；正如上文提到的，依云水的功效多样，能很好地满足养生旅游人群的需要；同时，当地制定政策与成立各种协会保护依云水，让依云旅游度假区可持续发展。

依云水是依云小镇的最大特色。度假小镇正是有自己的特色才得以在度假市场中脱颖而出。度假小镇的特质在于"特色"，魅力在于"特色"，生命力同样也在于"特色"。因此，保持小镇"特色"的鲜明性，是非常重要的原则。

小镇特色的打造，主要遵循以下四个原则。

1. 保持鲜明的地域特色。例如，特色小镇若是靠近河湖，则其打造应体现"水乡"的地域特色。

2. 保持鲜明的产业特色。度假小镇的打造，应把所在地的产业优势糅合进去，着力培育支柱产业，或"农"，或"林"，或"渔"，形成自身的特色产业。

3. 保持鲜明的生态特色。如在环境设计、建筑设计、资源的利用和保护、循环经济等方面都要注入"生态"理念。

4. 保持风格的独特性。不同区位、不同模式、不同功能的小镇，无论是硬件设施还是软件建设，都需要与其产业特色相匹配，一镇一风格，不重复、不趋同，确保特色的唯一性。

（三）建筑独特，城市布局精妙

依云小镇历史悠久，有许多保存完好的典型的19世纪法式建筑，与其产业特色相匹配，形成了依云小镇的又一吸引点；同时小镇布局科学，依资源特点布局的多个区域分工明确，游客可以根据自身需要进行选择，对当地居民也不会造成干扰，有助于形成良好的旅游社区关系。

（四）大型节事

依云小镇每年举办各种赛事活动，如依云大师赛。作为国际高尔夫传统赛事，依云大师赛可谓国际女子职业高尔夫巡回赛中赛事品质最高、竞技水准最强、媒介影响最大的比赛之一，与美国女子公开赛并列成为LPGA锦标赛奖金最高的赛事。在这座以依云水而享誉全球的小镇中，俏丽的"红粉佳人们"在纯净淡雅的依云水映衬之下，挥杆舞动在草地上，让依云大师赛成为名副其实的"粉红巡回赛"。依云小镇有海拔500米的高尔夫球场，也是法国历史最悠久的球场之一，建在一片森林地带。1994年，第一届依云大师赛在这里举办。每年的依云大师赛都会吸引众多参赛者参加，依云大师赛已走过22年的漫长历程，期间依云品牌不断地将这一运动普及给更多人，更将依云矿泉水的天然、纯净、年轻、健康的品牌价值与产品保证带给更多消费者。为了将这一份健康承诺完美传递，依云大师赛于2010年完成赛事会晤营运的碳足迹评估，并于 2011 年首次引入与 2012 年伦敦奥运会相同标准的国际环境保护标准，以降低在能源、运输等方面产生的资源浪费和环境污染。

节事营销是众多度假区进行宣传的重要手段之一，依云小镇也不例外。大型的节庆活动可以吸引众多人的关注，提高知名度，提高产品的销售力与品牌形象。

二、依云小镇的未来展望

未来，休闲度假与旅游养生将会越来越热门，成为人们出行的首选之一。

（一）主题化开发，自然与人文相结合

文化是度假小镇的"灵魂"，文化是区别于其他度假区的重要因素之一，游客也倾向于选择具有深厚历史人文底蕴的小镇进行度假休闲。依云小镇"水"主题非常明确，也因此成为吸引游客前往的重要因素。用一个核心主题，体现整个小镇的文化灵魂的主题特点，这是常规的手法，但主题文化不一定是单一主题，可以通过梳理文化，以打造主题文化为重点，通过多元文化整合延伸形成旅游小镇，把多元文化景观化、建筑化、娱乐化。在旅游产品开发过程中应引入文化元素，开发多样化文化旅游产品，形成文化旅游产业群。在空间意象的营造中，应将文化元素融入建筑、道路、装饰当中，体现当地文化特色，营造可打动游客的文化意象，从而提升度假小镇的认知度。

（二）充分体现休闲化业态

用休闲业态聚集带动小镇的人气与商气。目前，在休闲时代大趋势下，各种商业业态逐渐从传统趋向休闲，从时尚用品到户外运动装备，从休闲餐厅到主题酒吧，从 SPA 美容到健身俱乐部，从休闲画廊到数字娱乐，从旅游服务到度假酒店……休闲已不再只是消费行为的点缀，而是成为商业业态发展的大势所趋。

（三）特色化生活

旅游小镇与旅游景区的一大区别是小镇作为一个在城镇化体系中的区划单位，其休闲集聚结构延伸出多维的居住结构（城镇化人口居住、服务人群居住、度假居住等），针对性强的特色化生活方式是对多维居住结构受众的最大吸引力。可以通过对文化主题在小镇衣、食、住、行、劳动工作、休息娱乐、社会交往、待人接物等物质生活和精神生活各个角度的延伸，营造和展示不同的生活模式，吸引游客并使生活方式形成新的景观。

（四）信息化管理，与高新技术相结合

旅游信息化是当前旅游业发展最为显著的特征之一。旅游资源整合、设施建设、项目开发、市场开拓、企业管理、营销模式、咨询服务等领域已经广泛应用现代信息技术，从而引发了旅游发展战略、经营理念和产业格局的变革，带来了产业体制创新、经营管理创新和产品市场创新，改变了旅游产业的发展方式。总之，技术型融合使旅游业提高了技术含量，为旅游业注入了新的活力。

（五）保护优势资源，坚持可持续发展

依云小镇成立各种保护协会并采取一系列措施保护依云水，这是非常值得借鉴的。养生度假小镇的自然资源是影响游客做决策的重要因素之一，具有特别疗效的资源度假小镇，更要做好保护资源的工作，使生态系统良性循环，实现可持续发展。

（六）消费结构的多元化

进入泛旅游产业时代，旅游业与其他产业的融合产生可能性。旅游市场最突出的变化之一就是区域内原有的单一形态的观光旅游产品对旅游者的吸引力有所下降，旅游者对目的地的消费需求，从浅层次单一化的需求演变成涵盖旅游多个要素的综合需求。那些摆脱单一功能，能为旅游者提供独特而丰富的旅游体验的综合性旅游目的地，越来越受欢迎。旅游者渴望在目的地获得集知识性、体验性、娱乐性为一体的多重旅游体验。消费结构的多元化促使旅游小镇的内部空间结构重新划分，以多重功能导向的空间布局成为一种发展趋势。消费档次和结构的多样化需求，是未来旅游消费的重要发展趋势。依云小镇不仅仅提供依云水，还应有各种产品来丰富消费者的选择；旅游度假小镇需考虑不同消费群体在消费层次、消费种类方面的多样化，依据不同的人群打造完善的产品体系，让尽可能多的旅游者获得最大程度的满足，增加其主动驻留时间，并且为今后的可持续发展留下良好的基础和广阔的空间，这是旅游小镇未来发展的必然趋势。

（七）注重体验性项目的建设

在休闲时代，人们不再满足于简单的物质享受，而是希望在此基础上获得精神愉悦，这些都使体验之风盛行。把旅游产品的开发置于体验经济的背景下，迎合了时代发展的需要。旅游者的参与意识，要求度假小镇能提供更多体验性项目，使旅游者能体会到作为参与者和主角的趣味。纵观世界各地

经营成功的旅游小镇，其吸引众多旅游者甚至全球眼光的旅游项目都具有较强的体验性。例如，依云小镇利用水资源优势，推出温泉、SPA等疗养项目；还有一些小镇利用周边良好的自然环境，推出自驾游、森林观鸟、森林瑜伽等，将休闲体验的价值链不断延伸。参与性的设施、活动能将旅游者留在旅游小镇，并成为能产生较高消费的主要吸引物。因此，度假小镇的发展趋势，也需顺应消费者的需求，加强体验性、参与性旅游项目的建设。

第七章 四川洪雅七里坪国际度假区
——北纬 30° 上的又一奇迹

第一节 概况与资源特色：寂静小山村的成长

一、度假区概况

（一）自然地理概况

七里坪位于四川眉山市洪雅县高庙镇，地处峨眉山市和眉山市的交界处，目前是四川省省级旅游度假区。七里坪距峨眉山景区零公里处 3.5 千米，距金顶 26 千米，距国家级森林公园瓦屋山 58 千米，海拔 1300 米左右，占地面积 12 平方千米，森林覆盖率达 90% 以上，年均温度 18℃，自然资源丰富，生态环境优美，气候资源优势突出，具备优良的避夏暑、赏冬雪的休闲度假开发条件。

值得一提的是，从自然地理的角度看，七里坪属于峨眉半山，但历史形成的特殊行政区划使它属于洪雅县。因而七里坪从未列入峨眉山景区范围，也未列入世界遗产保护范围，才有了后续开发的可能性。

（二）度假区的升级蜕变史

1. 寂静山村的蜕变

七里坪的名字得名于其地处的长约七里的半山坪地面，是一处隐于云山间的烟笼雾绕的大台地。良好的空气环境质量、极佳的避暑条件、可供开发建设的开阔场地、三山环线的交通区位优势、未经污染的天然生态环境、峨眉山深厚的文化滋养，七里坪占尽天时地利。七里坪的美，仿佛为瞩目而生。

2007 年 8 月 28 日，时任四川省省长蒋巨峰亲自主持签约的项目，将七里坪列为省政府重点招商引资项目，并明确：比照省政府重点项目对待，享受绿色通道。洪雅县委、县政府也确立了"依托峨眉、融入三山、面向四川"的格局。然而对于"一张白纸"的七里坪，资金问题仍然迫在眉睫，洪雅县在引入企业开发之前，委托四川大学旅游学院精心编制了《七里坪国际休闲度假旅游区规划》。随后招大引强，先后引进四川金杯集团、峨眉华生、四川汉龙、成都索安 4 家企业进行投资。巨额的资金投入解决了旅游基础设施投入的难题。企业为主导后，规划和开发更加专业，七里坪的旅游之路也越走越宽。

从此，这个以竹木产业为主要收入来源的寂静小山村，走上了蜕变之路。项目开始仅三年，村民年人均纯收入就从 2000 多元增加至 10 000 元。

2. 迅速成长

经过十年的发展，峨眉半山七里坪项目已成为当今国际国内屈指可数的大型旅游度假区和旅游地产项目。总规划面积达 10.18 平方千米，拟建面积达 100 万平方米左右，总投入不少于 40 亿元人民币。

项目总开发周期为 6—8 年，其中一期主要是风情小镇（南区）的开发，由四个度假村落、一个商业中心、户外运动基地、运动温泉会所构成，面积近 25 万平方米。二期为高尚山地运动板块，由高尚山地运动场、高尚山地运动会所、高尚山地运动度假房、企业商务会所、超五星山地主题酒店、国际会议中心等构成，拟建面积约 50 万平方米。三期为北部文化商务小镇，主要由艺术家村落、商业娱街、休闲会馆、乡村花园、温泉休闲中心等组成，拟建面积约 25 万平方米。形成"白天山地休闲运动、夜晚小镇风情体验""夏天休闲避暑、冬季温泉赏雪"的基本休闲度假模式。

3. 转型升级，七里坪的晋升之路

2009 年，七里坪真正公诸于世。随后的几年来，七里坪历经三次转型：七里坪 1.0 版，避暑是主题；七里坪 2.0 版，养生是主题；七里坪 3.0 版，康养是主题。对于七里坪而言，每一次转型就是七里坪曾经走过的一个脚印，它们见证了七里坪从四川省逐渐辐射向世界的攀登之路。

（1）七里坪 1.0——避暑：立足省内，放眼全国

项目伊始，按照"政府主导，企业主体"的思路，以打造"避暑养生胜地"为目标，启动七里坪国际休闲度假旅游区建设。峨眉半山七里坪海拔 1300 米左右，最适宜人类居住度假。这里全年气候凉爽，尤其是夏季，非常

适合避暑养生度假。据检测，盛夏时节，七里坪气温比成都、乐山等市区低6℃~8℃，夏季平均气温基本在24℃。七里坪的避暑条件，可以与三亚的越冬条件相比，可按国际的旅游、度假、避暑标准，将七里坪打造成全国一流的避暑标杆与旗帜，实施"冬去三亚海湾，夏来峨眉半山"的中国候鸟式度假生活。

（2）七里坪2.0——养生：立足全国，放眼世界

七里坪有天然的养生条件，海拔1300—1500米的黄金养生区域，空气清新，负氧离子含量高于市区200—400倍，植被茂密，空气中富含有多种名贵的中药材成分，水质清凉无污染。以自然条件为依托，度假区建设了度假酒店、养生公寓、花园洋房、温泉会所、风情小镇、户外运动基地等设施，已成为融避暑休闲、度假居住、温泉养生、美食购物、户外运动等为一体的中国山地度假区。

（3）七里坪3.0——康养：国际化初露头角

2015年1月14日，国家发改委国际合作中心正式授牌成立了峨眉半山七里坪国际抗衰老健康产业试验区，目的就是为了在峨眉半山七里坪这个天然的养生长寿之地制定出中国对于抗衰老健康产业领域的标准。作为未来的抗衰老养生长寿地，峨眉半山七里坪受到了全国上下的关注。借机开展的国际抗衰老健康产业论坛也将"东方阿尔卑斯山"的名字，留给了世界。

二、资源特色

（一）资源稀缺而不可复制

七里坪资源的稀缺在于其共享峨眉山山水体系。1996年，峨眉山被联合国教科文组织评为世界文化与自然双重遗产。峨眉山是中国四大佛教名山之一，以佛教文化的独一无二和世界之最，达到世界文化遗产的评选标准。同时，峨眉山具有仙山灵蕴，其环境天下秀美，"雄、秀、神、奇、灵"的景致，让天下的游客为之倾倒。对峨眉半山七里坪的业主来说，他们将分享世界文化与自然双重遗产。在半山坪地，可以仰观金顶十方普贤金像，沐浴佛光普照，感受佛教传统文化；亦可以坐享仙山灵蕴，享受稀缺的自然资源，润肺滋体，修身养心。

（二）避暑养生条件优越

峨眉半山七里坪处于中国北纬30°上，又一奇迹之地。提起北纬30°，

世人便会想起地球上的神秘地带：有沙漠中的金字塔，有海洋里的百慕大……这个地带藏着地球和宇宙的秘密，无人破解。北纬30°上有着诸多奇迹，长寿传奇、神童传奇、复活传奇等。北纬30°总给予生命更多天赐，让世人为之着迷又无限向往。"峨眉山中有1600多种药用植物，3000多种高等植物，2300多种动物"，这足以说明峨眉的仙山灵蕴，其神奇的地理和独特的气候，孕育着生命的奇迹。

随着城市化进程的不断加快，空气质量的恶化成为威胁人们生活乃至生存的重大问题。而七里坪因植物丰富多样，PM2.5的数值极低，空气质量良好，是天然的氧吧。

（三）七里坪五宝

第一宝：凉爽而四季分明的温度。因地处半山，七里坪海拔约为1300米。最适宜人体的温度是24℃，24℃时人的荷尔蒙分泌、心率、新陈代谢等都会十分地和谐，让人感到十分舒适。但24℃在自然气候中出现的天数并不多，很多地方仅在春季和秋季偶尔出现，可遇不可求。而七里坪不同，这里夏天温度低于城区5℃~8℃，最高温度不超过28℃，平均温度24℃。所以夏天避暑的最佳选择莫过于七里坪，这里有适宜人体的温度，低温区的人寿命长，常住七里坪可以抗衰老。

第二宝：富含生命因子的"薄荷空气"。七里坪的森林覆盖率达90%以上，加上峨眉山被称为植物王国，空气中弥漫着抗癌、长寿的微量元素和生命因子，闻起来有一股淡淡的薄荷清香。负氧离子被称为"长寿素""空气中的维生素"，大于1200个/cm³就对身体的康复及治疗具有极佳的效果。一般城区的数值是300~500个/cm³，而七里坪空气中的负氧离子含量却达到60 000~80 000个/cm³，相当于一般城区的160倍。

第三宝：优质医疗矿泉水。七里坪水质纯净，富含偏硅酸、锶等微量元素，呈弱碱性，长期饮用可以调节人体酸碱平衡，促进新陈代谢，增强免疫力。

第四宝：无污染腐殖土。七里坪土壤中无任何农药残留和重金属污染，种植的蔬菜水果达到有机食品标准。

第五宝：罕见阳山。七里坪因独特的位置、朝向等被认为是阳气汇集之地，是全国罕见的阳山。常住七里坪可以滋阴补阳，提升精气神。

第二节　度假区建设运营体系：为让一木，退避三舍

一、"从一而终"的开发模式

好的产品离不开良好的开发模式。对比国内度假地的开发，七里坪的开发可谓"从一而终"。七里坪度假区由四川金杯集团一家进行整体开发，依托于这种开发模式，保证了规划的统一性、开发风格的统一性和开发配套的完美性，同时，避免了恶性竞争，保证了开发的品质和公共配套的足够投入。开发过程中更不会出现像国内其他景区那样"这家几十亩，那家几百亩进行零散开发"的现象。有专家认为，七里坪这种整体开发模式，完全可以像当年总结碧峰峡旅游开发模式一样，总结为七里坪度假区开发模式。另外，七里坪度假区的开发坚持和谐开发的原则，充分照顾和体现当地老百姓的利益，让当地老百姓共享七里坪开发发展的成果。据了解，在开发前，七里坪村民年人均收入比较少，而今天他们有了比较丰厚的收入，而且人人均可就地打工，800多名符合招工条件的当地村民，已经在七里坪从事保安、保洁、酒店服务等工作，个别人已经走上高管岗位。为做好七里坪拆迁安置工作，四川金杯集团按照当地党委、政府要求，专门规划建设了3个小镇进行拆迁安置，每个小镇均按乡村度假小镇标准进行建设，安置户自建房和还房均是底商上住，多余的住房均可按乡村客栈模式经营，使七里坪拆迁户不仅能够搬进环境和居住条件更好的新家，而且可以获得稳定的收入来源，解除后顾无忧。

二、最大限度保留原生态的开发建设理念

为了不辜负七里坪稀缺的资源和优越的条件，四川金杯集团从一开始就立志将七里坪打造成世界避暑养生目的地、中国首席山地旅游度假区、国家级旅游度假区。因此，他们一开始就聘请由美国、英国、法国、加拿大、新加坡和中国6个国家的精英组成的策划团队进行策划，聘请美国HZS、加拿大DGBK等国外一流的有经验的设计团队进行规划设计，无论是空间还是平面布局，无论是建筑风格还是外观风貌，无论是度假配套还是游览设施，都达到了世界先进水平。3年多来，他们始终按照原生态、国际化、高品位的

理念进行打造，十分讲求理念的落地互动，建设过程中十分注重环境的保护，有时为让一木，建筑宁可"回避三舍"。现在度假区已经呈现的建筑风貌，无不受到业界的好评。

三、国际化标准，高品位设计

七里坪国际度假区的整体规划参考了法国 AVORIAZ 滑雪度假区、美国 BLACKHOK 乡村俱乐部、瑞士 ANZERE 滑雪度假区、法国 PONT 皇家高尔夫及乡村俱乐部、保加利亚黑海花园、香格里拉大 MOTTE 等的模式，综合对比世界上著名的旅游度假胜地，综合各种地形的规划方案，终于找到了打造项目的国际标准。

景观设计上，聘请提供"一站式"全方位设计服务的全球十大设计机构之一的香港 JR 设计集团公司进行规划设计。优秀的审美品位打造了符合七里坪自身诉求的自然、生态类的各种景观小品。

四、配套设施

虽然说度假养生地的环境相当的重要，但由于度假养生的人群通常居住的时间较长，所以如果最基本的生活起居都不方便，那么就会让度假变成一种负担，养生则更谈不上了。鉴于此，峨眉半山七里坪自 2009 年以来，先后建设了温泉酒店和七里坪风情小镇两大配套设施，最大限度地解决了客户常住度假的问题，让客户可以长时间地沐浴在零污染且具有疗养作用的自然环境中；同时，高性价比的价格，让峨眉半山七里坪迅速成为众多客户度假养生的首选。5 年间，七里坪的房屋价格翻倍，且年年销量领衔整个四川旅游度假地产项目，造就四川每卖出 10 套度假房，6 套都是峨眉半山七里坪的佳话，这便是峨眉半山七里坪深受客户认可的最好证明。吸引希尔顿酒店的入驻也加快了景观大道的呈现，更是为峨眉半山七里坪锦上添花，在完善配套的同时又增加了一处绝美的景点，极大地丰富了峨眉半山七里坪的度假养生生活。

五、度假功能强大

七里坪配套有高尚山地运动、温泉、小镇、户外运动大本营、山地湖泊、酒店集群、康疗中心、健康中心、养心精舍、云台书院、禅修酒店等一系列度假养生设施。现在已经投入运营的半山温泉是国内十分难得的锶硫温泉，其锶的含量十分富集，达到国家优质天然矿泉水即医疗热矿泉水标准。尤其在冬天，在雪地里泡温泉将是省内十分难得的景象。已经开工的超五星森林神话养生庄园酒店，充分借鉴了巴厘岛、迪拜、三亚等地山野奢侈酒店的建设模式和理念，将打造成具有国际吸引力的温泉酒店。已投入使用的户外运动大本营，可开展拓展训练、真人CS、山地车、山地自行车等活动。区内步行道，或栈道、或石子路、或青石路，蜿蜒起伏，清幽宁静。已全面投入运营的七里坪首个风情小镇——七里镇，建筑错落有致，一步一景，各有洞天，酒吧、餐厅、茶肆、小吃、购物等一应俱全，吸引了无数人的目光。如今，七里坪已初具度假区雏形，住宿、会议接待均已完善，七里坪已经成为具有吸引力的四季度假胜地。

六、四大养生体系打造多元康养体验

峨眉半山七里坪打造了包括环境养生、生物医疗养生、文化艺术养生以及个性体验养生的四大养生体系。其中，环境养生和生物医疗养生将把七里坪的自然资源利用到极致，不仅让客户能够更好地养护身体，还能检查和排除自身更深层的问题，同时，通过建立的专业机构对七里坪的神奇之处进行深入研究，最终利用研究成果真正达到让人们延年益寿、减缓衰老的神奇功效。而文化艺术养生和个性体验养生则从人文生活和人居体验出发，通过文学、书画、音乐、农耕文化体验、森林旅游等方式，极大地丰富峨眉半山七里坪的度假养生生活，让客户能够在养生的同时更好地静心养心，从而使身体恢复到最好状态。

第二节　度假区产品特色：山居禅意

一、常居型旅游地产

七里坪度假区项目是著名的旅游地产项目，景区周围分布着不同层次的别墅、住宅区等。随着游客对于精神层面享受的逐步重视，休闲旅游已经从传统的景点观光向"慢活、养心"过渡。于是，以峨眉半山七里坪为代表的依托周边丰富的旅游资源而建的，融旅游、休闲、度假、居住为一体的旅游地产便应运而生。在开发建设过程中，峨眉半山七里坪始终坚持旅游业和房

地产业的无缝嫁接，呈现出更好的自然景观、建筑景观以及完备的配套功能，打造了常居型旅游地产。

作为四川著名的度假风景区，峨眉半山七里坪国际度假区每年都吸引着络绎不绝的外来游客。随着人们消费需求的提高，传统走马观花的观光型旅游已不能满足游客的需求，"第一次观光，第二次度假，第三次买套房子住下"也已成为峨眉半山七里坪的真实写照。

旅游风景区所拥有的良好环境和美丽风光无疑是稀缺性资源。在旅游风景区购买一套住房，就是拥有一份稀缺性商品。七里坪地处峨眉山中山段，每平方厘米负氧离子含量高达 60 000~80 000 个，相当于城市空气的 400 倍。此外，峨眉半山七里坪更有着最原生态的溪谷栈道、半山风情小镇、稀有锶硫温泉等旅游场所，在峨眉半山七里坪拥有一套住房，无疑是一件赏心乐事。

旅游活动和旅游地产火爆的同时，七里坪在配套设施建设上同样用足了心思。除去基础的度假养生设施，七里坪正在塑造的是一种全新的生活方式。区内清幽宁静的步行道路及慢跑步道对养生人居的概念产生了新的启发。

随着开发建设的不断深入，峨眉半山七里坪所打造的不仅仅是一个风景区，而是一种新型的度假方式和生活方式。许多游客在峨眉半山七里坪不仅仅是短暂停留，而是长时间地旅游消费，也大大促使了峨眉半山七里坪向常居型旅游地产发展。

二、禅意文化底蕴

人们常说"禅心如水"，禅是一个若有若无的境界。

峨眉半山七里坪在道佛两家思想的汇集点上，文化气氛十分浓郁。

依托峨眉天下秀和佛教四大名山之一的海内外名气，在峨眉山建设有文化底蕴的休闲度假旅游区成为一种势在必行的趋势。

峨眉半山七里坪，地处峨眉山和瓦屋山之间，以其独特的地理区位，占尽道家文化和佛家文化的精华。峨眉与瓦屋，并称蜀中双绝，拥有峨眉山、乐山大佛、洪雅瓦屋山国家森林公园和雅安周公山等著名旅游景点。峨眉山是世界自然与文化双重遗产地，是中国四大佛教名山之一及 5A 级风景区，沉淀了千年的佛家思想。四川作为道教发源地，瓦屋山与鹤鸣、青城同为道教之源，道家的道法自然的思想也在此体现。

七里坪修建了一条木栈道，叫"森林养生禅道"（又叫森林栈道），长约

1.5 千米。森林养生禅道位于七里坪海拔 1300~1400 米处，在面积近万亩的珍贵针叶林——柳杉森林之中。该处负氧离子含量高达 30 000~80 000 个/cm³，释放着 1600 多种纯天然药用植物混合散发出来的抗癌康养因子的薄荷空气。这里的环境对人体抗氧化、防衰老、消除自由基、增强细胞活力具有神奇疗效。每天步入森林养生禅道，可促进心脑血管、呼吸道等的功能修复，有助于人夜间有效进入深睡眠状态，能让人长久保持青春活力和生命激情。

森林养生禅道周边绿植丛生，在一派自然和谐的景观之中，人们或做瑜伽，或打太极，或品茗于满眼翠绿彻骨的美景之中。到了夜间，游客们只要身处禅道中一处名为"夏夜萤舞"的景点，便能欣赏到由无数萤火虫带来的梦幻奇境。森林养生禅道还在继续建设中，其后期规划中，最具特色的便是禅道周围将建造不少小木屋，为游客提供别具特色的森林 SPA 和禅修体验，让参与者身、心、灵在林中得以净化，犹如出尘于世外。

三、中国阿尔卑斯山、世界抗衰老目的地

七里坪先后挂上了"国际抗衰老健康产业试验区""中医药养生与抗衰老产业示范基地"等牌子，正全力创建"国际旅游度假区、世界抗衰老目的地"。

由国家发展改革委国际合作中心主办的 2015 中国首届峨眉半山七里坪国际抗衰老健康产业发展论坛，于 10 月 18 日至 22 日在峨眉半山七里坪国际抗衰老健康产业试验区举行。来自中国、美国、意大利、韩国等国家和地区的专家学者聚集于此，探讨抗衰老健康产业核心议题、最新趋势等。论坛讨论围绕"世界前沿生物医学与抗衰老""生物抗衰老结合中医抗衰老——科学抗衰老大革命"两大主题，对"生物抗衰老及中外临床中的干细胞应用""中医抗衰老与生物抗衰老相结合"等议题进行了延展性探讨；国内外权威领域专家提供的专业、翔实的讲解与分享，增强了人们对抗衰老健康产业的认识，促进了行业内的互联互通。此外，现场还展示了中医药抗衰老产品与成果。

在国务院关于促进健康服务业发展的若干意见指导下，七里坪成为我国首个抗衰老健康产业试验区项目。试验区业务范围包括医疗服务、健康管理、中医药服务、休闲度假、人员培训等，目标是发展一条以健康服务业为核心的产业模式。根据七里坪本地的自然地理气候特征，试验区全体采用仿旧式的青瓦白墙设计，峨眉山水相互掩映，绿植景观点缀其间，错落有致，与青

山白云融为一体，宁静而不失趣味，身处其间，仿佛进入远离红尘喧嚣的世外桃源，真个是"闲看庭前花开花落，静观天外云卷云舒"的好去处。

四、绿色食品、七里饕餮

中国美食遍地，但七里坪却自成一派。七里坪所在的洪雅县绿色食品闻名古今，畅销国内外，去七里坪一定要品尝这些特色美食。杜甫"鱼知丙穴由来美，酒忆郫筒不用酤"，苏东坡"遥忆青衣江上路，白鱼紫笋不论钱"，就是吟诵洪雅的雅鱼和苦笋。而今在无污染的环境中繁殖优良品种，使洪雅成为得天独厚的绿色食品生产基地，雅猪、雅牛、雅笋、雅茶、雅鱼等畅销国内外。

土香腊肉锅，取材于海拔 1500 米的七里坪当地特有的"雅兰"猪肉，经农户长年自然熏烤，配以产自洪雅县龙胜蔬菜种植基地的纯有机青菜头，用七里坪独有的养生"不老泉"水质烹制而成；该道菜不添加任何作料、辅料，以其老、腊、香的原汁原味赢得七里坪最受欢迎菜肴荣誉。七里串串鸡，取材于海拔 1500 米的七里坪当地饲养的"高山鸡"鸡肉（而非传统的"跑山鸡"），经七里坪独有的养生"不老泉"烹制后，配以洪雅县龙胜蔬菜种植基地专供的纯有机青椒，泡制后的鸡肉肉质滑嫩、口味纯真，原生态的气息在其中表现得淋漓尽致，是七里坪最具代表的菜品之一。藤椒溜鱼片，取材于著名的雅女湖畔独有的"雅女鱼"和七里坪高山采摘的鲜藤椒，经七里坪独有的养生"不老泉"烹制而成，口感滑嫩、椒香溢人，是七里坪绿色生态食品的代表之作。烤全羊，羊肉取材于海拔 1500 米的七里坪当地饲养的"高山羊"，羊在饲养时一直吃七里坪无污染的青草，加上传统烤制方法，外部肉质焦黄发脆，内部肉质绵软鲜嫩，羊肉清香扑鼻，是冬季驱寒取暖的上佳食品。

来峨眉半山七里坪，不但可以在半山的天然氧吧中清心洗肺，还可以放心食用绿色养生食品，体验不一样的味觉盛宴。

五、养生、养心的文化艺术示范区

养身需养心，由内而外的身心协调统一是康养的最高境界。调控好心态，包括调控好思想、感情、情绪、意念等。人的心态需要保持平和，犹如人的体温必须保持正常一样。心的平和需要艺术的滋养。2015 年年末，四川省文联组织艺术家赴峨眉半山七里坪采风创作，为文艺惠民暨"文艺创作培训基地"和"文化艺术示范区"活动授牌。

一方面,书画艺术家们来到七里坪园区,留下墨宝以供大众参观。在七里坪国际文化交流中心提供的会场上,33位书画家同时泼墨挥毫,模山范水,场面极其壮观,更有3位书画家同时为七里坪创作一幅全景画卷,山水风光、花草禽鸟跃然纸上。

七里坪继承了峨眉山千百年佛道文化的精髓,并在此基础上顺应时代与社会的发展,将佛家的禅意修身与道家的阴阳调和融入自身开发建设之中,形成独特且深厚的文化积淀,七里坪"生物、中医、绿色"抗衰老健康产业的发展亦是在此文化背景下完成了其思路的延伸。

另一方面,为了弘扬峨眉山文化艺术和武术文化,七里坪成立半山艺术团,并建设了嘉州画院七里镇分院、书画院、一筋经武术会馆、森林养生禅道、全川首个以王子公主为元素的山地主题酒店及以熊猫为元素的主题酒店。而正在修建中的希尔顿酒店也是全球首个以书画为主题的希尔顿山地度假酒店。在后期规划中,七里坪还会有云台书院和禅意精舍等众多文化艺术设施呈现。

六、冬季药浴

七里坪的冬季温泉,既可以治疗面部损伤性疾病,又可以补充皮肤的水分,利用汗腺和皮脂腺的分泌,清除已死亡的表皮细胞,改善头面部血液循环,增强皮肤弹性,防止皮肤过早松弛和产生皱纹,使皮肤细腻光滑,同时有助于醒脑提神,经常浸泡温泉,如同给身体大补。七里坪国际度假区新开发的温泉,是梯田式温泉SPA,一眼望去,顺坡而下,通往石河的是层层叠叠共计60多个温泉池,或大或小,私密温馨,对面群山静立。温泉井深2525米,是从古老的震旦系地层打出的"老汤",井水出口温度≥55℃,日出水量达2000吨;温泉水除了富含丰富的氟、硫、偏硼酸、偏硅酸等具有医疗价值的元素,还富含锶等对人体有益的微量元素,达到国家医疗矿泉水标准。

第四节 未来发展方向:多元业态融合

一、保证生态环境可持续

七里坪国际度假区在国内外的知名度越来越高,到目前为止,景区内仍然保持着地广人稀的特点。但旺季造成的垃圾及废弃物仍然不容小觑。七里坪国际度假区自 2008 年开发以来，年接待游客已达 43 万人次，目前每天清理的生活垃圾近 20 吨，而一辆垃圾车的清理量为 9 吨左右，在旅游旺季根本无法满足垃圾清运的要求。为确保七里坪"生态、环保""一尘不染、青山绿水"，七里坪国际度假区将在环保设施上下大手笔。

可购买新型的垃圾处理设备，如"低噪音、低排放、低污染、低消耗"的垃圾运输车，维持垃圾收集站的高效运转，解决七里坪国际度假区垃圾远程清理、持久保持环境卫生的难题。

二、打造多流派有特色的餐饮产品

度假区内餐饮店数量较多，规划有小吃一条街，但大部分店主营的是一些家常菜，且相似度很高，菜系少，主要以川菜为主。店内菜品的价格普遍偏高，如普通的一份回锅肉的价格是 36 元，炝白菜的价格是 18 元，在七里坪度假区的起步推广阶段设定这个水平的价格不利于度假区的品牌推广和口碑宣传。峨眉半山七里坪处于眉山与峨眉山的交界处，一方面，餐饮产品应体现出川菜的特色，特别应该把眉山和乐山最具特色的如跷脚牛肉、乐山烧烤、东坡肘子等美食引进来，同时也多引进川内其他著名的美食；另一方面，由于度假区面向的市场还包括国际市场，所以只有川菜是不够的，长时间的饮食不习惯会降低度假客人的满意度，所以餐饮产品应该涵盖法国、土耳其、中国这三大国际流派，特别注重品质而不是数量，这样能够满足国际客人的特别饮食需要。另外，还应大力宣传招商，给予适当的优惠政策，让每个菜系、流派最具特色和潜力的餐饮店入驻七里坪。

三、开发灵猴主题、佛教主题的住宿产品

由于七里坪地处四川盆地内又在峨眉半山上，气候潮湿，因而可以多采用偏暖的色调。七里坪依托峨眉山灵猴这个品牌，在进行室内设计时，可以向好多熊猫酒店学习，每套房间都有一个自己的名称、小主题；同时，应结合峨眉山佛教文化，打造佛学与现代思想结合的主题酒店。佛学强调生活即是修行的理念，极其适合现代都市人的需要，不需要皓首无穷的义理辩解，不需经由中鼎庙堂的祈福加持，人们在生活中就可触及，能在出世与入世间找到良好的融合点，让游客与佛教文化零距离。

四、布局合理、便捷的交通设施

目前度假区在交通方面存在诸多问题：在度假区外没有直达七里坪的专线汽车，游客到达度假区至少要换乘两次，相当麻烦；区内购入的观光车造型无特色，档次低，班次少；度假区内的慢行交通体系中步行道和机动车道没有明确的界限，有些道路又相对较窄；度假区内有一个观光自行车租赁点以及一个专业的山地自行车道，但是目前自行车可租赁的类型较少；到七里坪的公共交通只有一条线路，即从峨眉经零公里到洪雅的这一趟班车，途经七里坪，这条线的班次少，转车麻烦。便捷的交通是景区发展的必要条件之一。就七里坪的长远发展而言，应该尽快解决上述交通问题。应该在乐山、峨眉山、眉山车站增设直达七里坪的专线车；随着知名度的提高和游客量的增加，在成都的车站也可视情况增设专线车。度假区内的观光巴士应该分高峰期和低谷期班次，以及淡旺季班次，充分满足游客的出行需要。应完善慢行交通系统，明确标识机动车道和步行道界限，并设立自行车、电瓶车租赁点。

五、推广特色购物产品

七里坪国际度假区的购物场所主要有菜市场以及七里镇购物一条街。目前菜市场规模小，设计单一，产品种类少，缺乏统一管理，整个菜市场略显脏乱无序。出现这种情况是由于七里坪景区还处于开发中前期，所以购物店还不多，对商品以及地方特产的开发还不够深入，随着项目的推进，购物板块会逐渐完善。

关于康体娱乐产品，目前七里坪度假区的康体娱乐项目较少，大都在建设中，如高尔夫球场、熊猫主题公园等，所以对此类产品的文化挖掘不够，尤其是对养生文化、佛教文化的打造，虽然有先天优势但是开发还远远不够。度假区内的旅游商品应主推与佛教文化、熊猫文化、灵猴文化、生态文化相关的产品，并具有峨眉山、眉山的地方特色，如峨眉竹叶青茶和雪芽茶，高庙白酒、中药材、佛像饰品、佛珠、佛教文化的玉佩和首饰，展示熊猫和灵猴的服饰、帽子、卡通玩偶、T恤、钥匙扣等。

当然，除了特色旅游商品外，度假区内的商品还应该包含基础和常规性的旅游商品，目前七里坪度假区的购物店、便利店屈指可数，游客购买日常用品并不方便，所以在产品的开发和提升过程中，便利店应该以客人的便利为导向布局，呈点状分布于各区域，客人便利的地方人流量也较大；而特色商品的门面店则应该集中分布在某个片区，同时还应有国际品牌的入驻，共同打造特色旅游商品购物一条街。

六、完善瑜伽、温泉养生以及体能恢复训练类康体产品

七里坪有着得天独厚的地理环境、气候资源和养生条件，利用这些特色优势开发出修身养性的康体产品，与自然环境相融合。目前全国知名的温泉比较多，如南京汤山温泉度假区，云南腾冲温泉等。相比较而言，峨眉山的温泉知名度并不高，但其基础条件非常好，是少有的高品位氡温泉，水源来自地下 3000 多米的深处。所以七里坪在康体娱乐这个板块重点打造七里坪温泉、七里坪瑜伽养生项目，以温泉、瑜伽和带有禅意的人文景观和自然景观为特色，将品牌定位为国际禅文化养生度假区中的温泉行宫。让游客在泡温泉和练瑜伽时进行禅修，身心得到彻底的放松。这样就可以突出温泉和瑜伽浓厚的文化色彩。同时开设疗养院和身体调节、身体疗养恢复中心，以此可拓展市场，增加更多的客源量。

健康养生旅游酒店篇

第八章　奥地利 Xundheitswelt（健康世界）国际养生度假区

近几十年来，欧洲旅游业已经意识到健康养生旅游是一个很好的旅游热点，可以用来作为地区性旅游目的地概念植入。德国和奥地利成功开发了很多这样的目的地，包括身体健康、养生、心理健康、运动、预防医学等主题及以冒险为主的活动和其他主题。Xundheitswelt 国际养生度假区就是其中的典型代表之一。Xundheitswelt 国际养生度假区位于奥地利，毗邻捷克，是近几十年来崛起的新兴的大型区域型健康养生目的地。

第一节　Xundheitswelt 概况

健康养生旅游目的地依地理面积的大小划分，可以分为以下五个级别：目的地型、城镇型、区域型、国家级型、洲际型健康养生旅游目的地。Xundheitswelt 属于区域型的健康养生旅游目的地。

"Xundheitswelt"这个名字意为"健康世界"。这是一个大型的区域型的目的地，定位清晰明确——自然、健康、心灵幸福，强调大自然的力量和相关疗法对于健康的作用。

该度假区使用的标语是"From nature, good for health and well-being"，意为"源于自然，为了身心健康"。

现在在欧洲，当人们谈论奥地利的健康养生目的地时，基本都会提到 Xundheitswelt。Xundheitswelt 从几十年前默默无名的小镇，到现在已经成为奥地利最为著名的健康养生目的地地区品牌。

第二节　度假区的定位：自然、健康与心灵幸福

下图代表了 Xundheitswelt 国际养生度假区的定位和实施方法，由五个圆构成。

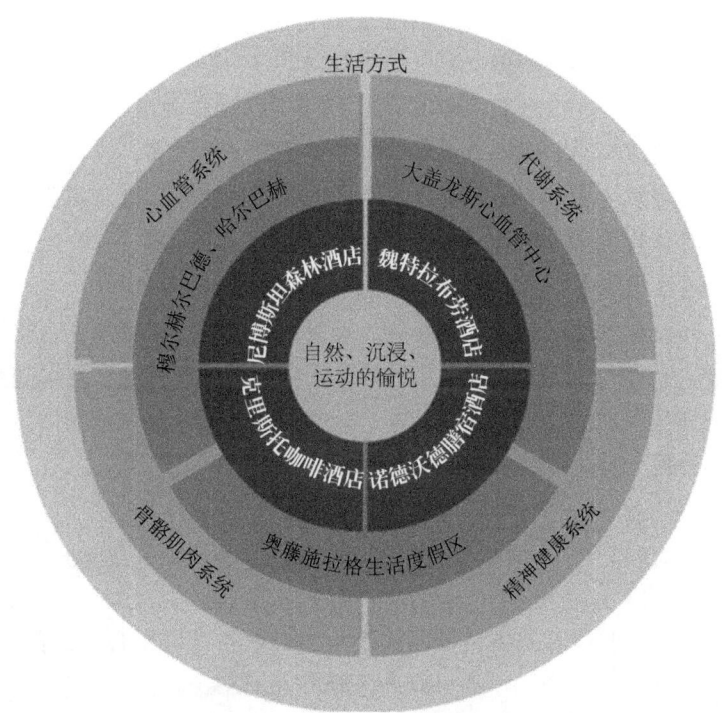

图 8-1　Xundheitswelt 的定位

中心的绿色圆代表着目的地的核心价值观，表示着自然、沉浸和运动的愉悦。显示了这个目的地希望将健康和心灵幸福、同时服务于当地人和游客、室内和户外的活动有机整合在一起的理念。

第二圈浅橙色的显示当地符合目的地定位的健康有机餐饮和住宿设施。

第三圈为提供疗愈服务保障的商家和机构。以预防为主的养生服务主要由穆尔赫尔巴德、哈尔巴赫（Moorheilbad Harbach）提供，主要针对养生和休闲的需求，有温泉水疗以及一些替代性疗法和自然疗法，比如泥土裹

肤等。医疗方面的服务由一个心血管疾病诊所大盖龙斯心血管中心（Herz-Kreislauf-Zentrum Grob Gerungs）提供。奥滕施拉格生活度假区（Lebens Resort Ottenschlag）则帮助人们修正生活方式，有讲座、职业倦怠情况的预防、性别医学、精神健康、关于健康相关主题的常规话题等。

第四圈为具体的疗愈服务方向，包括了骨骼肌肉系统、心血管系统、代谢系统、精神健康系统四大板块。对于服务于哪一种方面的疾病或亚健康状态阐述得非常明确。

最外层第五圈意为生活方式，表示最终这一切都归结于生活方式，而目的地提供的所有，都希望帮助人们打造一种健康的生活方式。

运动、健身和塑形的服务不仅在以上的机构中有设置，人们在周围的自然环境中也可以享受到，目的地提供不同的健身场所包括徒步走道、自行车道、公园等来提升客人的运动协调性和移动能力，还提供了一个给职业运动员和健身者使用的中心。

Xundheitswelt 地区定位清晰明确，强调自然的作用，树立了直观鲜明的市场形象。Xundheitswelt 建立了系统性的"疾病—疗愈养生—持续健康"的完整产品构架，有力地支撑定位战略，让客户在目的地的感知和体验与宣传中的形象一致，保证了养生目的地的良好口碑和长久发展。

第三节 定位的落实——系统的产品架构

Xundheitswelt 国际养生度假区的定位为自然、身体和心灵三者的健康，此定位的落实需要系统的产品架构来保障。Xundheitswelt 并不仅仅是在区域内设置一些简单的健康养生设施，而是最大化地挖掘了自然赋予的财富，在整个区域提供和整合以自然为基础的具有不同疗愈目的的设施。从疾病到养生到持续健康这段过程中，Xundheitswelt 提供的服务内容是多种多样的，包括高效治疗的医疗疗法、预防医学疗法、养生设施和休闲放松项目。

Xundheitswelt 从以下几个方面构建了系统性的完整产品构架，以此来落实定位。

一、良好的自然环境

Xundheitswelt 一直认识到健康旅游需要一个健康的环境。自然的生活条件，完整的景观和高品质的有机食品，让他们的客人得到全面的医疗照顾。

Xundheitswelt 国际养生度假区位于瓦尔德威尔特尔，这个地区最大的财富就是其良好的自然环境。当地有着优美的乡村自然风光，生态环境良好。瓦尔德威尔特尔地区多山，山上大多是密集的森林，林间巨石遍布。在山脉间有一望无际的草地和农田，有着大面积的油菜花田和葡萄园。当地水资源丰富，山间随处可见瀑布、溪流。平原间还分布着大大小小的湖面、池塘和沼泽，湖边水生植物遍布，水鸟频繁出没，景色非常惬意优美。Xundheitswelt 国际养生度假区一直认为健康旅游需要一个健康的环境。自然的生活条件，完整的景观和高品质的有机食品，让他们的客人得到全面的医疗照顾。

二、健康有机饮食和舒适住宿

在 Xundheitswelt，感觉、嗅觉、味觉等所有的感官都能得到享受。而最好的是：这里的食物不仅健康，而且口感也非常棒。所有参与工作的农民都按照有机农业的指导方针工作。食物的原材料都由当地生产，运输的距离短，因此口味更加鲜美。为了确保农业供应充足，已经开始了一些新的生产线，如田间蔬菜和胡萝卜的种植。

在这里，你可以获得饮食上的享受、纵容与体验。

享受：适当的营养对医疗保健有重要作用。因此，饮食享受也属于真正完美的 Xundheitswelt 的一部分，"生态循环"的优质有机食品为此奠定了基础。

纵容：让顾客养尊处优，享受创意厨房精心准备的菜肴。你会惊奇地发现健康的味道是多么的美味。Xundheitswelt 的七个农场都有自己的菜单，他们的共同点是，高雅地将烹饪的乐趣和健康结合起来。

体验：饮食不仅仅是食物的摄入，更是一种多感官体验。在入住 Xundheitswelt 酒店期间，顾客可以在草药园或自然旅游中观察制作出美味佳肴的种植材料，还可以享受装饰摆桌、摆盘的过程。

住宿方面，在良好的自然环境中，Brauhotel Weitra 酒店和 Gasthof Pension Nordwald 酒店能为客人提供优质的住宿服务。

三、系统的疗愈服务体系

疗愈服务体系包括治病，疗养养生，以及身心健康的生活方式的养成。

医疗疗法：Xundheitswelt 与奥地利的医院和大学合作，保证了较高的医疗能力和水平。疾病的治疗主要涉及背部和脊椎、关节、疼痛管理、骨科后康复、心血管疾病、精神康复等。

营养疗法：正确的饮食不仅仅是享受，也能防止许多疾病，促进个人健康。在这里，他们会了解客户的偏好并对他们做生物阻抗分析（身体脂肪和肌肉测量），同时提供建议：慢慢改变饮食习惯，但是不应该一次做太多的改变，一开始只做 1-2 个变化即可。

运动疗法：经常锻炼是健康生活的支柱之一。度假区与顾客合作，开发最佳的方式，将更多的锻炼带入顾客的日常生活，从而影响顾客的生活方式，让他们保持持续积极的状态。此种运动疗法推荐：适度多运动。徒步旅行对血压有积极的作用，能增强腿部肌肉力量，提高免疫系统，并获得精神上的幸福感。重要的是不要运动过度，要注意个人的耐力。身体的适度张力，可以增强情绪，减轻压力。因此，徒步旅行是逐步改善自己健康的好方法。

心理疗法：在纯净的自然中放松，做点喜欢的事，纵容自己一下，减轻压力。相关的心理学家会提供咨询服务，会给出一些放松的方法，让顾客找到适合自己的方式来更加平衡地生活。

四、室内和户外运动休闲基础设施相结合

在这里，室内和户外运动设施齐全，你可以在其中发现运动的喜悦。

Xundheitswelt 有一个 Xundwärts 运动中心，在这里无论是初学者、业余爱好者还是竞技运动员，每个人都能找到理想的计划，而且会找到适合自己的不同类型的课程，通过这些课程，可以锻炼定向、控制、平衡、反应、节奏等技巧，提高灵活性、力量、速度和耐力。

Xundwärts 坚持认为要积极参与体育运动，从中找到一种乐趣。在运动中心确定顾客的状况和动作之后，他们的医生、运动科学家和治疗师团队将与顾客一起制定最佳的培训计划。

五、培养和教育当地社区的健康价值观

Xundheitswelt 度假村除了自己提供健康养生的设施和服务外，还注重培育当地市场，使得当地人乐于享受目的地提供的设施和服务。他们将健康养生的价值观念传递给当地人，使其价值观念与度假村的价值观念相一致。

第四节　定位策略的启示

1. 定位，定位，还是定位

"定位（positioning）"作为一种市场营销的重要战略步骤，于20世纪60年代在广告界兴起，而将定位应用于旅游目的地开始于20世纪70年代末期。开发目的地定位战略是开端环节，也是最为基础和关键的一环。

Xundheitswelt国际养生度假区的定位为：自然、身体和心灵三者的健康。度假区定位策略的制定者认识到健康和心灵的幸福是硬币的两面，两者都非常重要，把它们放在一起才能创造一个成功的健康养生目的地。服务对象不仅瞄准游客还包括所有当地人，保证了在这里土生土长的人们认同这个目的地的概念，并且从中大大受益。

有一个清晰的定位非常重要，且需要持续通过各种渠道不断强化概念和教育市场。这就避免了类似"昂贵的俄国人小镇"这一问题的发生，缺乏明确定位和各种市场渠道的持续宣传和教育，使得捷克Karlory Vary小镇从"欧洲大陆的会客厅"沦为"昂贵的俄国人小镇"。

2. 精心挑选整合资源，保证目的地定位和客人实际体验相符

找准自身的资源优势和特色，有选择地整合资源，让目的地的产品在整个市场有鲜明的形象认知和辨识度，保证目的地的定位战略和客人的实际体验相符。健康养生目的地的定位，不仅需要辨别和了解已有的各类养生资源，更需要掌握成熟养生目的地的经验，知道如何有效地整合这些资源。养生资源的整合必须精挑细选，不能一味贪大贪全，后期筹备和推广的内容必须能够和客人所感知的养生体验相符，不落实处的定位势必造成客户感知和养生体验的落差，不利于市场口碑宣传。

3. 培养和教育当地市场，使当地人的健康养生价值观和目的地的定位相一致

目的地养生理念与当地居民价值观相一致，对较大等级的健康养生目的地尤为重要。健康养生目的地与当地居民的关系十分微妙，表现出特定的"一荣俱荣，一损俱损"。在当地居民也同样受益于目的地的养生理念和服务时，目的地才不仅拥有了近距离的市场基础，而且对客户体验和市场口碑也都能够产生积极影响。

第九章　泰国奇瓦颂健康养生度假村
——"世界最专业疗养胜地"

奇瓦颂健康养生度假村隶属于HHOW世界养生酒店联盟（Healing Hotels of the World），是世界最负盛名的疗养胜地之一，被英国著名杂志《旅行者》（Conde Nast Traveller，UK）评为"世界最专业疗养胜地"。

第一节　奇瓦颂简介

一、奇瓦颂概况

1. 地理位置

奇瓦颂健康养生度假村坐落在泰国华欣的皇家海滨度假村内，与芭堤雅隔岸相望，是泰国第一个豪华的目的地水疗中心。Chiva-Som（奇瓦颂）在泰语中的意思是"生活的避风港"，是一个美丽安静、与世隔绝的世界。奇瓦颂坐落在七英亩（约2.8万平方米）葱翠的热带花园中，旨在为宾客提供最奢华的住宿体验；泰式亭院房散发着传统魅力，海景房及各类套房可俯瞰暹罗湾壮美的海景。

2. 哲学理念

奇瓦颂的哲学理念是思想、身体和灵魂的健康，这三者的整体健康是个人成就的关键。奇瓦颂认为，授人以鱼不如授人以渔，打针吃药能换来暂时的健康，但换不来长寿，如果想永远健康，那就要推崇健康的生活方式。这也成为它的健康哲学理念。奇瓦颂使命的一部分是致力于开发创造完整生活、健康体魄和安乐生活的方式，以及努力使客人享受到最先进有效的治疗服务。

奇瓦颂健康养生度假村率先结合了传统的亚洲疗法以及西方的健康与养生技术，提供了极为广泛的咨询、有益健康的治疗法、锻炼项目健身课程和活动、温泉美容疗法以及营养和饮食计划，将泰国人的盛情和西方风格治疗方法最好地结合起来。他们的口号是：实际的健康是预防而不是治疗，是创新而不是墨守成规，是运用智慧而不是被动地接受。奇瓦颂度假村自创建起就一直以独特的东西方健康哲学相结合的理论为基础，以提倡健康的生活方式为己任。持久的健康来自生活方式的改变，针对不同客人，为更好地满足其健康需求，奇瓦颂会对每一个来访者进行全面的健康问诊。问诊师通过设计量身定制的治疗和服务以更好地达到客人的目标。问诊内容包括：食物，健身，活动，休息和放松，身体的疾病，情感问题和内心感受。

二、发展历程

奇瓦颂健康养生度假村是亚洲第一个目的地型水疗中心，已成为世界之最，入住率由创立之初的14%一路攀升到2009年的78%。

奇瓦颂的发展经历了三个阶段：市场培育阶段、市场突破阶段、稳定发展阶段。

市场培育阶段：奇瓦颂健康养生度假村于1995年4月正式开业，是由泰国副总理的夏日别墅扩建而成。那时区域内尚无养生度假的概念，只是单纯地针对欧洲市场进行营销。

市场突破阶段：在此阶段，奇瓦颂实现赢利，进行设施升级，同时通过创立学校、开发产品扩大知名度，开始在亚洲市场营销。齐瓦颂在1999年开始盈利，并实现了60%的入住率。2001年，共有34间理疗房，50名员工。2004年，奇瓦颂开始开发自己的产品。随着健康养生需求的崛起，为了满足行业发展的需要，奇瓦颂成立了培训学校，坐落于曼谷，是一所正规的SPA培训学校，由奇瓦颂全资拥有。

稳定发展阶段：处于此阶段的奇瓦颂持续不断地投入资金以进行基础设施的改善，稳定市场，持续拓展亚洲市场。2006年，理疗房已达到42间。2009年拥有理疗房近70间，350名员工。2009年平均入住率已达到78%，而且其中55%的客人都是回头客。同时，奇瓦颂成为亚洲第一个提供活细胞疗法的疗养地。

三、历年所获奖项

（1）获英国著名旅游杂志《旅行者》读者评选的 2012 年度最受欢迎目的地 SPA 度假村大奖（2012 年）。

（2）获《水疗探索者》水晶奖（Spa Finder Crystal Award）读者评选的 2012 年度亚洲最佳度假村、最佳瑜伽课程、最佳健康 SPA 料理大奖（2012 年）。

（3）获英国《超级旅行》（Ultratravel 100 Awards）最佳 SPA 大奖（2012 年）。

（4）连续多年荣获《豪华旅游》杂志金牌榜（Luxury Travel Magazine Gold List）最佳健康与养生大奖。

（5）连续 14 年荣获《旅行者》评选的顶级海外养生 SPA 度假村，及最佳 SPA 大奖。

（6）获"亚洲水疗奖"（Asia Spa Awards）最佳养生疗程大奖（2010 年）。

（7）获"水晶奖"（Crystal Award）读者评选的最佳养生疗程大奖（2010 年）。

（8）获"水晶奖"（Crystal Award）2010 最佳 SPA 目的地大奖（2010 年）。

（9）获《旅行者》读者评选的最佳 SPA 大奖（2010 年）。

（10）获《旅行者》旅行奖项最佳用品大奖（2010 年）。

（11）获《豪华旅游与时尚》（Luxury Travel & Style Magazine）2010 最佳海外 SPA 奖（2010 年）。

（12）被 Spa Finder 杂志的读者评选为最佳 SPA 料理。

（13）获亚洲 SPA 钻石大奖的最佳 SPA 料理大奖。

第二节　养生体系的构建

在奇瓦颂，每个客人都会得到私人顾问的悉心照料，以使客人在逗留期间获得最佳平衡状态。奇瓦颂从养生环境、养生项目、养生服务、养生居住四个方面构建了自己的养生体系。

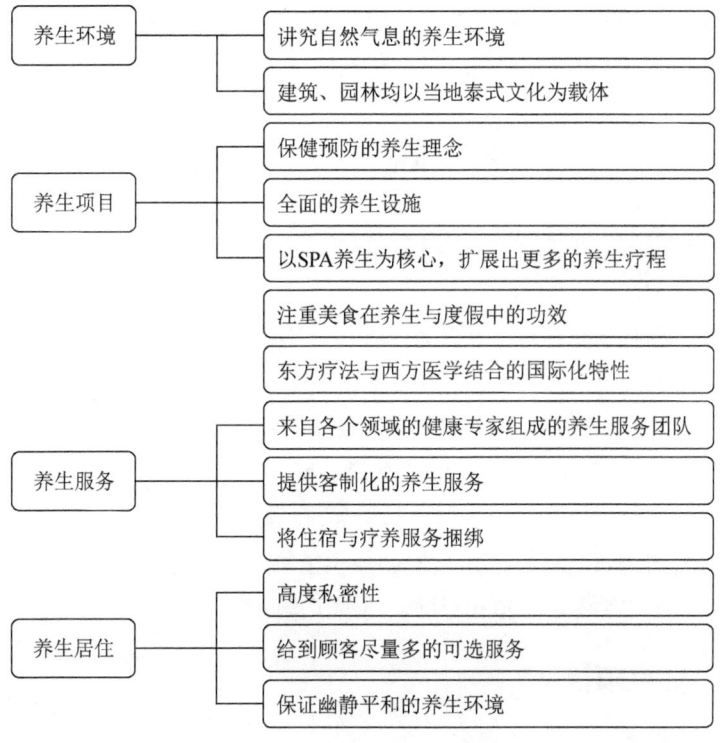

图9-1 养生体系的构建

一、养生环境

1. 建筑风格、园林设计都承继泰式传统，配上彰显泰国佛教文化的文雅的内饰风格，演绎度假风情。

度假村的建筑以泰王室建筑风格为主，尤其是17间阁楼式别墅，围湖而建，很好地遵循了泰式传统建筑的风格。

以自然材质、各异花卉、泰式文化饰品装点，配备现代设施，打造舒适的环境。

在奇瓦颂健康养生度假村的中心设有很多帐篷，它们都是依据泰国传统建筑风格而设计的，周围环绕着热带花园、湖和瀑布。独立的、泰国风格的帐篷让游客拥有绝密的私人空间。

度假村的客房格调文雅，室内设计元素多采用自然的材料，如木、大理石和手制陶瓷；再加上东西方的流行元素点缀，营造出舒适的气氛。客房的户外休闲区设有转动风扇，力求让旅客有舒适和轻松的感受。客房设有大玻璃窗，房内不仅阳光充足，而且在室内就可以观赏到美丽的沙滩和海洋风景。

2. 景观以水为核心元素，点缀情趣小品，烘托精致度假享受；活动空间则延伸至户外，让人畅享自然。

度假村以湖为核心景观，间布各异的小水景节点，用水景将公共景观串成流动的整体。

度假村围绕水景核心，配以相得益彰的建筑，应用各异的元素小品，共同呈现了传统且特色鲜明的泰式风情。

公共活动空间采用大敞间或全落地玻璃的设计，拉近了与自然的距离。

度假村设置了为客房专配的户外亭，配合养生主题，为客户提供冥想、瑜伽的空间。

度假村内的景观植物选用当地的乡土植物，在小品设计上，结合泰国的佛教文化，比如佛像的雕塑和浮雕，体现了泰国特色。

二、养生项目

1. 运动养生

奇瓦颂健康养生度假村设置了许多运动设施，结合了泰国传统的养生运动特点，十分健康，而且符合国际规定标准。运动设施包括室内和户外设施，有让游客放松和进行日光浴的户外游泳池，有水流按摩浴缸、多级蒸气房、水疗池、体育馆、泳池等。这些健身和修复治疗的设施为游客提供完整的治疗，让身体、头脑和精神得到彻底的放松。

2. 理疗养生

奇瓦颂健康养生度假村结合传统东方疗法与现代西方科技，提供超过150种疗程，共设十大养生系列（见图9-2）。

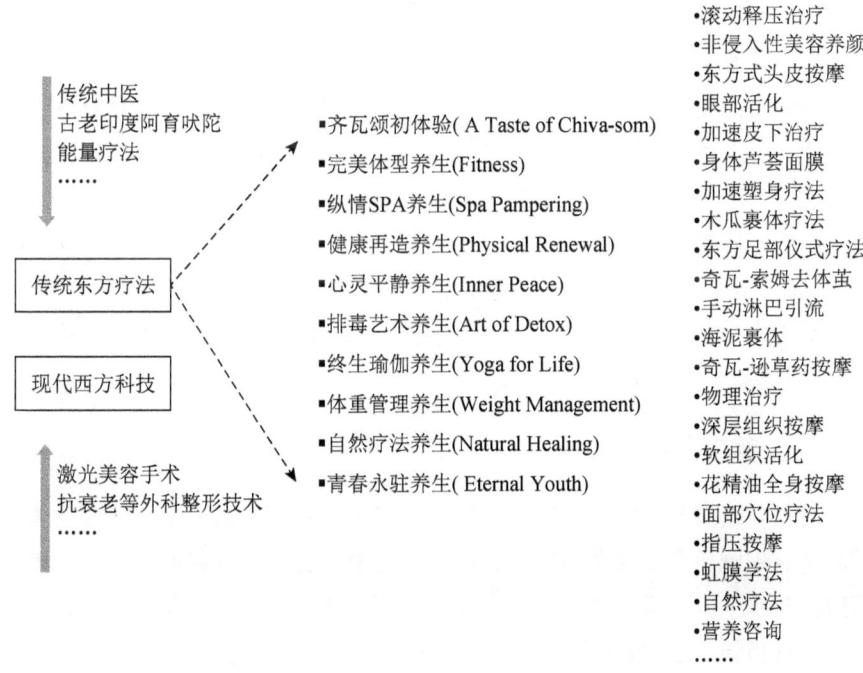

图9-2 十大养生系列

理疗是奇瓦颂的强项。所有的理疗从个性化分析开始，最终达到肌肉与骨骼的平衡。其中辅以按摩以及体育锻炼和康复项目。

专业的健康咨询师为游客选择和设计治疗项目来改善其健康状况，以达到其预定的目标。酒店设有健康教育的课程、冥想课程、室内和户外按摩课程。奇瓦颂还为旅客提供众多的治疗项目，如：泰式按摩、泰式草药蒸汽水疗、面部按摩和东方脚部按摩。在私人训练班或者设施齐全的体育馆，游客可以通过进行头部按摩和身体修复治疗改善自己的身体状况，如头部训练、指压按摩疗法等。

3. 饮食养生

奇瓦颂的饮食养生主要体现在精致养生饮食方面，注重营养均衡、高质量的 SPA 餐饮料理。

奇瓦颂的水疗菜肴是得到亚洲和西方认可的低热量、有营养的美食。酒店餐厅每天所烹调的菜肴都是采用由酒店自己的有机园所种植的新鲜和有营养的农产品，如香草、蔬菜和水果，这些材料都是低热量的。在这里还有营养学家帮助游客量身定制健康菜单，为了让游客更清楚和方便了解，服务菜单上列出了所有菜肴的卡路里和脂肪数量。

度假村的餐厅供应健康小吃和饮料，免除游客对在度假期间增加卡路里的担忧；兰花休闲区整天都供应新鲜的水果汁、咖啡和茶，使游客能在享受美食的同时达到养生健身的目的。

酒店坚持的一个理念是，客人带走的不仅是一份回忆，还有珍贵的经验，为此酒店所有的菜式均采用随处可买的常见原材料，客人自己在家就可以做。奇瓦颂提供烹饪课程以及专门的烹饪手册，揭开健康饮食的秘密，教授在家操作的方法。

三、养生服务

奇瓦颂健康养生度假村有超过85位的合格疗程师组成的国际化专业理疗团队，其中既包括印度草药学家、中医理疗家，也包括欧美现代医学家和美容家。54间客房配备有约350位员工，达到为每一位客人配备6名服务员照顾其饮食起居、运动健身等各项活动的标准。

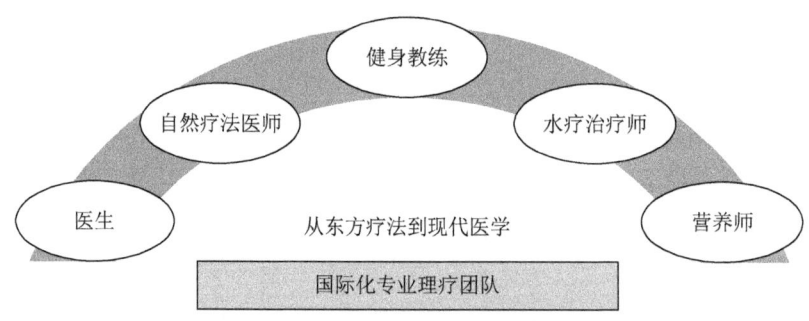

图9-3　国际化专业理疗团队

设置咨询、检查、专家建议养生计划、顾问全程跟踪疗程效果等全套程序，提供定制化的养生服务。

四、养生居住

奇瓦颂健康养生度假村保证住宿环境的高私密性，并最大化地提供可选择性的居住环境，满足客户不同的养生居住需求。

奇瓦颂健康养生度假村共有54间/套客房，有11种不同的风格可供选择，见表9-1所示。

表9-1 奇瓦颂健康养生度假村套房类型及风格

套房类型	风格	房间面积（m^2）	房间数量（间/套）
海景房（Ocean Room）	靠近海边，在阳台上可俯瞰泰国湾和度假村	34	11
豪华海景房（Ocean Deluxe Room）	宽敞的生活空间能让人找到舒适的感觉，有独立的浴室、更衣室和露台	48	13
奢华海景房（Ocean Premium Room）	最宽敞的海景房，有独立的浴室、更衣室和露台	54	5
安臣房（Anchan）	露台更大，平和的装饰让人深度放松	63	1
泰式屋（Thai Pavillions）	泰式建筑风格，共享露台、户外休息区域	36	17
杜松房（Juniper）	顶层套房，可以看到泰国湾的远景，有独立客厅	68	1
天竺薄荷套房（Patchouli）	有独立客厅和大的露台，可俯瞰海洋	70	1
茉莉套房（Jasmine）	阳台连接卧室和客厅，可观海景	83	1
黄兰套房（Champaka）	空间巨大，有独立浴室、客厅、露台	104	2
金宝套房（Golden Bo Suite）	正宗泰式风情，有独立客厅，更衣室，餐厅，带阳台的露台和室外泳池	102	1
赤素馨花套房（Leelawadee Suite）	有宽敞的生活和用餐区，两间浴室，三间厕所，还有一间带更衣室的豪华卧室，一个带按摩浴缸的室外露台和一个宁静的私人花园	147	1

度假村的每个房间都提供10种材质的枕头、3种床垫。枕头的种类分别为豪华鹅绒、颈部支持、荞麦、海绵、超柔软微纤维、木棉、中等硬度聚酯纤维、经典标准乳胶、泰国三角摇枕等。另外房间内每天晚上6—9点会点上精油，精油的种类有由加利、薰衣草等。

另外，度假村还采取多种措施来保证一个安静平和的环境。如：不接待

16岁以下的小孩；度假村全面禁止抽烟；公共场所禁止拍照；在公共场所禁止使用手机和电脑，如需私人使用，需要向度假村相关管理人员申请。

图9-4 多种措施保证幽静而平和的养生环境

第三节 养生主题的演绎

一、产品设施

奇瓦颂拥有54间客房，有近70间理疗房，拥有超过85个专业理疗师，提供超过150多种疗程和活动（包括SPA、身心灵、健身以及肌体理疗）。包括6间物理理疗疗程室、9间整体疗程室、6间咨询会诊室、2间水疗池和45间SPA疗程室，SPA疗程室含4间可同时进行双人按摩的双人疗程室、1座水疗池、1间医疗SPA室。奇瓦颂可以说是世界上第一处疗程室多于客房数的度假SPA/养生地。

奇瓦颂拥有称得上是世界上最多的SPA训练设施，包括13座健康功能建筑，有太极亭（练太极拳）、身心灵整体健康运动间、泰式按摩亭、室内泳池

（可做水中有氧舞蹈）、瑜伽亭、健身房，以及各种重力及心肺运动器材室、有氧舞蹈教室、普拉提课程教室、水疗池凉亭、户外按摩凉亭、护发美容室、SPA 中心、游泳池等。

除了近 70 间理疗房和 13 座健康功能建筑，度假村的养生设施还包括室壁运动室、健身房、水中按摩浴池、漂浮浴池、大型户外游泳池、带有克奈普浴的浴场、桑拿室、蒸汽室、按摩浴室以及室内游泳池。奇瓦颂拥有室内和室外两个游泳池，室内游泳池恒温 34℃，而环境的温度也使室外游泳池常年保持温暖舒适。游泳池的水质均由环境友好型的氯化钠水质处理系统进行控制。

另外，酒店提供有机的食物。酒店餐厅每天烹调用的都是酒店有机园所种植的新鲜和有营养的农产品，如香草、蔬菜和水果等，这些材料都是低热量的。

二、实施步骤

在奇瓦颂健康养生度假村进行养生服务需要经过三个步骤：接受设备先进的个性检查，参考专家建议、选取适宜的养生疗程，配以自由课程与饮食计划。

Step1：接受设备先进的个性检查	Step2：参考专家建议，选取适宜的养生疗程	Step3：配以自由课程与饮食计划
➤ 接受健康咨询与检查，检视出身体的优缺点，了解身体需求 ➤ 专业医生根据结果提供饮食、生活形态的养生建议	➤ 参考专家建议，选取适宜的疗程、主题菜单式或组合式的养生计划 ➤ 菜单套餐选择多，范围广，包括物理健疗、排毒疗程、解压疗程、减肥疗程等 ➤ 顾问全程跟踪疗程效果	➤ 随心参加免费健身和休闲课程，包括瑜伽、普拉提、太极、冥想、水中有氧运动、整体健康讲座、压力管理 ➤ 营养专家制定菜单来帮助达到预定的目标，菜单上标明卡路里和脂肪数量 ➤ 配有全程咨询顾问

图 9-5 养生服务理疗程序

第四节　生态形象的树立

奇瓦颂健康养生度假村通过环保政策与环保行为的开展彰显了绿色形象和社会责任，并建立了与当地政府及社区的良好关系。

一、制定可持续发展政策

奇瓦颂健康养生度假村致力于保护地球、保护珍贵的自然资源，并且为此拟定了相关的政策。整个度假村不断探索新的绿色创新举措，并尽可能寻求环保替代方案，包括节能和自然资源保护措施、使用清洁产品和减少浪费。

他们要求每年必须通过生态旅游认证即"绿色环球21"的基准认证。持续的流程改进使得奇瓦颂健康养生度假村在各个层面都达到了国际上"最佳实践"的要求。

二、创立华欣保护基金

奇瓦颂健康养生度假村的创立者黄闻波（Khun Boonchu Rojanastien）创立了华欣保护基金，其目的是为了协助市政府，培育一个健康、安全和充满活力的华欣。利用华欣保护基金，度假村可开展提高公众环保意识及增进当地社区交流的活动，比如户外音乐会、马拉松、艺术展、沙滩清洁活动、造林项目、"零碳排放会议"等一系列活动。

三、开展绿色行为

奇瓦颂健康养生度假村采取了一系列措施来保障其环境的可持续发展。

1. 降低温室气体排放

通过环境管理，通过寻找可替代能源、可再生能源和碳补偿项目来降低温室气体的排放，实现碳中和。

2. 节约能源并加强管理

通过节能技术和实践，减少对不可再生的化石燃料和电力的使用和依赖。

3. 淡水资源管理

努力减少淡水消耗，并在整个度假村实施节水措施和创新技术，如在度假村周边收集雨水。同时，尽量减少从度假村内部排放的水，保护外部水源免受污染。

4. 生态系统的保护和管理

鉴于人类活动是度假村的核心，人类活动不可避免地会对生态系统造成一定的损害，度假村也采取一些措施来保护和管理生态系统，主要是保护和充分利用生态系统，并避免破坏它。度假村的设计适应了现有的生物多样性和自然地形的等高线，并经过精心的打造，以对生态系统产生最小的影响。

5. 社会文化问题的管理

以保护华欣集团的名义，以社会、文化、环保活动为先导，奇瓦颂与国家机关合作，培育环境并将由此带来的好处回馈给社区。奇瓦颂、当地企业、国家机构和专门的志愿者无私合作，于 2004 年在华欣市成立了华欣保护组织（Preserve Hua Hin Group）。这是一个努力保护美丽和保护当地社区的自然环境的组织，自成立起这个组织曾赞助了许多节事活动，比如户外音乐会、马拉松、艺术展和其他活动。组织通过捐赠和赞助产生的收益主要用于为环保行动提供资金或者推广环保意识、教育。

6. 土地利用规划和管理

奇瓦颂健康养生度假村有效地规划只有七英亩的度假村，使不同层次的整体保健设施、住宿楼和餐厅位于郁郁葱葱的热带花园的清新步行道上。度假村的设计融合了传统泰式建筑和自然多样性的氛围，在拥有大瀑布和高大树木的湖泊的映衬下，更强调了这里的宁静。

7. 空气质量保护和噪声控制

坐落在可以享受清新海风的海滨，奇瓦颂成为一座避免外界干扰的避难所，这里禁止任何能够产生噪声的设备。度假村是无烟的，内部的听觉隐私通过隔音墙和自然树篱实现。度假村的公共区域不允许使用手机和个人电脑。

8. 废水管理

通过资源回收利用，废水直接经过由碳和砂滤组成的多阶段处理程序被现场收集和净化。这些水之后被用于景观灌溉和保持度假区湖水的水位。

9. 废物最小化、再利用和循环利用

度假村连续多年废物产生较少，是因为他们的政策是减少使用量、再利用和回收。使用过的材料经过连续地循环回收，使其以不同的形式被再利用。塑料、玻璃、金属、木材和纸制品被分开回收并运送到相应的回收设备；易

腐食品分发给当地家畜的饲养者，用作动物饲料；植物的残根败叶被收集，转化为富含营养物的堆肥，作为其他植物的肥料。

10. 使用环保产品来代替可能有害的产品

由于奇瓦颂致力于提供一个健康和安全的环境，他们的政策是遵守所有适用的健康、安全和环境保护法律、法规和要求，所有的活动都以确保对工作人员、顾客和环境有利的方式进行，不断寻求环保产品来替代可能会对人或环境产生危害的产品。

11. 社区福利

企业和社区的环境和社会可持续性交织在一起，奇瓦颂致力于改善社区人民的健康、幸福和生活质量，比如着重于开展社会福利项目、雇用当地人员、尽力提供更多的工作岗位，并尽可能购买当地的新鲜食物、产品和服务。

12. 可持续发展教育

奇瓦颂向员工和客人传达他们的环境和社会可持续发展政策的目标和实践，以提高他们的意识，共同推进环境和社会可持续发展的实现；并鼓励供应商调整自己的产品供应，以和奇瓦颂的目标相一致。

第四节　案例总结：美体组合式养生

1. 大多数健康概念酒店都只是限于拥有优美的自然环境，但奇瓦颂健康养生度假村还配置了众多的设施让你的身心得到协调，减轻压力。酒店确定了三个目标：设置一些便利、实用的设施；引导顾客学习怎样把健康养生理念融入生活中；使旅客度过一个愉快的假期。他们的口号是：实际的健康是预防而不是治疗，是创新而不是墨守成规，是运用智慧而不是被动地接受。

2. 治疗方式以泰式药浴为主导，倡导身、心、灵三位一体：以人体为中心，由内向外，由心灵静修、生活瑜伽、自然愈合、艺术排毒、体重管理、健身方案定制、物理重建、水疗护理等模块组成。饮食方面主张无油、无糖、无盐，以组合式养生为特色，有健康咨询、治疗方法、锻炼项目、健身课程和活动、温泉美容疗法以及营养饮食计划。养生哲理是东西方养生理念的融合，以泰式按摩、全身药裹、深度清洁、脸部足底按摩等传统项目和200多种疗法（包括气功、太极、瑜伽、普拉提、日式指压、水中按摩和灵气疗法）等东西方温泉疗法为主体，配合"泰式SPA养生食谱"项目，突出的服务项目是为游客提供量身定做的健康生活方式私人咨询,创造一种健康体魄、完整安乐的生活方式。

3. 奇瓦颂健康养生度假村融东南亚风情体验、高质量特色住宿、环保饮食、健康疗养为一体,是一站式的健康主题疗养地。

泰式度假风情:度假村的阁楼别墅拥有泰式设计风格,配以彰显泰国佛教文化的内饰风格,演绎别样的度假风情。

专业、丰富的疗养项目:将东方传统疗养与西式健康维护相结合,由85名专业疗养师提供超过150项的身心调养方式。

世界著名疗养胜地:是清迈久负盛名的疗养胜地,连续多年在英国《旅行者》杂志最佳SPA疗养地评选中位列前三名。

4. 奇瓦颂健康养生度假村共有六大养生功能板块:肌体理疗、健身、SPA、营养、科技美容、身心灵健康。所有的理疗以个性化的肌体分析开始,检查身姿、柔韧性、稳定性、协调性和肌肉张力和性能,每个部分都能反映出身体的整体功能和能力。客人会收到一份纸质的身体机能评估报告,并附有如何改善这些问题的具体建议。然后通过酒店特殊手法的按摩、拉伸、运动等方式,帮助客人达到肌肉与骨骼的平衡。和医院的物理理疗不同,酒店更专注于帮助亚健康和有不良姿势习惯的客人改善身体机能。

第十章　印度阿南达喜马拉雅度假村
——抵达身、心、灵的完美和谐

第一节　阿南达喜马拉雅度假村概况：世界顶级的 SPA

在印度人的心目中，喜马拉雅山是大神湿婆（Shiva）居住和修炼的地方。几千年来，全世界渴望通过修行而摆脱生死轮回的人们都聚集在这里，冥想世间哲理并反思对生活的态度，以求获得众神的救赎。瑜伽文化也由此诞生。位于喜马拉雅山脉入口处的瑞诗凯诗（Rishikesh）素有"世界瑜伽之都"的美誉，小镇三面环山，恒河从山间蜿蜒流过。虽说这里人口仅有 7 万人，却汇聚了 100 多家瑜伽学校，全球 60% 以上的资深瑜伽教练都曾在此修行。

阿南达酒店创始人为了酒店的选址前前后后找遍了印度的各个角落，希望能够寻觅到一处地方可以展现阿南达的灵魂，给阿南达带来生命。最终，他在喜马拉雅山脚下找到了瑞诗凯诗这个仙境一般的至纯之地。

阿南达喜马拉雅度假村位于喜马拉雅山丘陵地带，阿南达是"极乐"的意思，这里是古老的瑜伽、阿育吠陀和冥想艺术的孕育地，附近是蜿蜒的印度母亲河恒河，以奢华的温泉疗养服务著名，是一个名副其实的世界顶级阿育吠陀概念酒店度假村。酒店坐拥 100 英亩（约 40 万平方米）原始森林，喜马拉雅山、瑞诗凯诗山谷和恒河令人惊艳的景致尽收眼底。酒店的建筑原本是特里加瓦尔（Tehri-Garhwal）国王皇宫，有着融合了印度装饰与密宗艺术的院落。酒店清新出尘，专注于恢复平衡、调和能量，其神乎其技的 SPA 体验，精致美味的有机饮食，都能让人身心完全舒缓，恢复最原始饱满的能量。这是休养身心、恢复活力的一片绿洲，在这宁静的氛围中，可观星、赏鸟、散步或健行，尽情放松。

阿南达喜马拉雅度假村专注于印度传统阿育吠陀疗养，用精油和食物使身体达到健康平衡状态。此外，度假村每天在室外阁楼或舞厅里还会提供瑜伽课和冥想课。阿南达喜马拉雅度假村的水疗项目被评为"世界上顶级的SPA"。阿南达喜马拉雅度假村是现今许多欧美时尚人士最喜爱的度假胜地，如奥普拉·温弗瑞所说："在阿南达我体验到了最地道的SPA。"所以在阿南达旅游主页上写着：它仿佛就是可以通向灵性的路。

阿南达喜马拉雅度假村吸引了众多明星前来体验。The Beatles（披头士乐队）在如日中天时在主场列侬的带领下来到这个印度小城瑞诗凯诗静修，让这个瑜伽的发源地进入无数人的视野。

第二节　阿育吠陀：身心和谐的完美统一

一、阿育吠陀概念

阿育吠陀是梵文，由两个词合成：Ayur 意指"生命"，Veda 意为"知识"，因此阿育吠陀一词的意思为生命的科学。阿育吠陀医学不仅是一门医学体系，而且代表着一种健康的生活方式。

阿育吠陀传统医学可以追溯到公元前 5000 年的吠陀时代。它以世界上最古老的、有记载的综合医学体系而著称。阿育吠陀医学认为，健康是一种状态，阿育吠陀更是一种生活态度和生活方式。同时，阿育吠陀是倡导素食的医学。阿育吠陀医学的诊治更倾向于关注人的特性而非疾病的特性。在做出诊断之前，病人的年龄、居住环境、社会及文化背景及其体质都是要考虑的层面。诊断的主要手段包括触摸、检查和交谈，并利用草药去盈补亏。它们的基本作用是激发专门器官的功能。因此阿育吠陀医学的目标是通过调节饮食来化解健康问题，同时不会产生副作用。在阿育吠陀医学的观点中，生命由身体、感觉、精神和灵魂构成。人有三种体液和七种基本组织以及身体产生的废弃物。人体的发育与衰老以及人体各要素的循环和我们所吃的食物有关。根据阿育吠陀的理论，宇宙由五种原始的元素构成，即土、气、火、水、空。人体作为有机生物体，其组织都是由这五种基本元素组合和转变而成的。这些元素本身是无生命的，但是经过组合，形成了人体内的三种主要的生物能量或者是力量，称为能量（Doshas），而且，不同的人体内针对不同元素的平衡状态是不同的，通常有一种能量在个体的组成上起主导作用，同时也就决定了该个体的人格。

二、阿南达喜马拉雅度假村与阿育吠陀的融合

阿南达喜马拉雅度假村提供阿育吠陀生活方式咨询并倡导与大自然和谐共处的生活方式。在咨询过程中，客人在酒店入住期间所有的体验、饮食以及运动的好处将会得到评估。生活方式和饮食的改变将给日常生活带来更多的平衡，阿育吠陀医师会有针对性地提供一些注意点和回家后的建议，这样客人就可以继续致力于健康的提升，保持神采奕奕、活力四射的健康状态。

在阿南达喜马拉雅度假村，阿育吠陀已经融入客人的养生方法中。阿育吠陀相关项目的设计时刻谨记个人关于疗愈、净化、放松以及活力恢复的愿望，从按摩和定制化的餐饮计划到个人目标的实现直至生活方式的彻底转变，处处都体现了这一愿望。阿南达喜马拉雅度假村的阿育吠陀疗法深深地根植于古代传统中，同时牢记现代人的喜好和舒适度要求。酒店配备合格的阿育吠陀医师以及理疗师，为客人提供从按摩治疗到更严格的排毒方式等一系列疗愈服务。

进入酒店的第一件事情，便是一对一的体质诊断。阿育吠陀医师将对客人的身体、精神和情绪方面的健康问题进行探索，帮助理解自身独特的能量构成或者能量组合，从而确定体质以及目前的失衡状态。接下来，则是根据个人体质定制一系列体验活动以及饮食和运动计划。最受欢迎的项目包括：双人四手同步全身油压按摩（Abhyanga）、药粉干式全身按摩（Udwarthana）、头部滴油护理（Shirodhara）、鼻窦和呼吸系统护理（Nasyam）等。

第三节　阿南达喜马拉雅度假村的产品体系：修心养生之旅

在阿南达喜马拉雅度假村内，最具特色也是最为核心的产品为瑜伽、冥想和阿育吠陀营养与养生项目，在阿南达喜马拉雅度假村，如同生活在宫殿里的国王或王后，沉浸于古印度的疗愈之术，体验在其他地方无法寻觅到的环境与能量，成为温暖的阿南达家族的一员，只剩下平衡与活力，以及深深的沉醉。阿南达喜马拉雅度假村集中了阿育吠陀、瑜伽、吠檀多以及国际养

生方法、健身与健康有机餐饮。所有的疗法、活动套餐和饮食均为个性化定制与设计，以满足不同个体的健康目标和需求，针对排毒、深度放松、抗衰老、减压、健身或减重问题，阿南达喜马拉雅度假村在客人通往更健康的、生活方式转变的道路上，提供紧随的指导和支持。

喜马拉雅阿南达度假村创始人阿索克·坎纳（Ashok Khanna）说道："我几乎走遍整个印度，为寻找一处理想之地能够展现阿南达的灵魂，最终在喜马拉雅山山麓得偿所愿。这里是瑜伽的发源地，几个世纪以来，人们纷至沓来，接受疗愈，寻找休憩与焕活之所。我希望阿南达只有一个使命，这一个使命就完全足够——一处身、心、灵整体疗愈之地。我坚信古老的印度传统，在这里身心灵平衡的生活是这样一种方式：回归，当人们理解了自然的平衡之理，宇宙运转的方式，以及万物如何不只是影响身体健康，还包括精神幸福。我一直很清楚，如果人们实现了内在的和谐，他们自然会感受到平和。一个特别的哲学理念，也是阿南达之所以存在的根本，就是坚持每一个个体都是独特的。瑜伽、阿育吠陀和吠檀多（生命的哲学）构成了阿南达的支柱。另一个重要方面则是美食——我们的祖先认为，我们所吃的东西以及吃东西的方式，很大程度上构成了健康的生活，同时也是养生的重要组成部分。所有这一切，共同组成了阿南达身心灵整体养生的全部内容。"

一、住体系：奢华宫殿

阿南达喜马拉雅度假村坐拥原始森林，为恒河之水所环抱，周边景致令人惊艳。大概是因为这里清净出尘的气质，古老的瑜伽、阿育吠陀和冥想艺术都在此孕育而生。

度假村奢华的接待中心就隐藏在金碧辉煌的特里·加瓦尔王（Maharaja of Tehri Garhwal）官殿内。在国王统治时期，这里曾接待过印度大部分著名的王公贵族。经过完全的修复，这座皇室官殿完美地诠释了它的巧妙风格。阿南达喜马拉雅度假村作为古建筑改建项目，酒店室内设计的宗旨就是最大化地维护历史传承。与一般酒店的前台区域不同，辉煌的宫殿风格让人们仿佛回到了皇室时代。礼貌而专业的服务人员带着亲切又友好的微笑在接待区欢迎客人的到来，献上代表酒店特质的清爽饮料，一场放松和活力恢复的疗程从登记入住的那一刻便已开启。无论是传统的欢迎仪式，还是酒店员工所体现的职业素养，人们对这里的第一印象就是辉煌。

与接待区域相邻的是气派的皇家茶室（Viceregal Tea Lounge），酒店尽可能地保存了其原貌与优雅装饰。在细品一杯沁人心脾的香茗的同时，你可以欣赏昔日王公贵族以及酒店其他著名宾客的肖像，静享宁谧的午后时光。

在皇室官殿内，还保留着国王统治时期的台球室，摆放着印度最古老的台球桌，其历史可追溯至100年以前。由特里·加瓦尔王的溜冰场改造而成的皇家大厅，现在已成为会议和静修活动的首选场地。当阳光洒进大厅，照射在厅内的装饰上，大厅的氛围温暖而祥和。

阿南达喜马拉雅度假村拥有78间（套）客房、套房和别墅，与典雅的殖民地建筑风格和山上郁郁葱葱的风景融为一体。阿南达喜马拉雅度假村所有的客房都配有豪华的设施，包括棉质印度服装、芳香浴、各类可供选择的舒适枕头、免费高速无线网络、液晶电视机和DVD机、咖啡和茶具等。

豪华客房共有70间，每个房间都选择了最理想的房间设计角度，拥有绝佳的观景体验，根据房间不同的方位，可以欣赏到花园、山谷或官殿景色。伴随着宁静自然的氛围，每一间客房都自成港湾。房内配备有豪华的睡床和设备齐全的浴室，在浴缸中放松的同时，可以俯瞰花园或山谷的美景；在客房的私人阳台也有绝佳的景色欣赏。

官殿、山谷或者花园景观房低调而奢华，在房间就可以欣赏皇室官殿或郁郁葱葱的花园景观或者山谷美景。45平方米的面积内设有衣帽间，客人可以在设备齐全的浴室全景窗户中俯瞰壮丽的山谷。每间客房外都有一个宽敞的露台，景致如画，是一处完美的私人宴请场所。

阿南达喜马拉雅度假村内的3间花园套房正对着山谷或是王室官殿。这些两层的套房内有雅致的卧室、起居室以及一个可以欣赏到静谧的花园美景的大浴室。幽静的私人花园更为舒适豪华的套房倍增魅力和私密性。

阿南达喜马拉雅度假村内还拥有三套以两座伟大的山脉——喜马拉雅和什瓦利克，以及养育着山谷居民的恒河所命名的别墅，是梦想家的避世之地，两间2房别墅（1800平方英尺，约167平方米）和一间1房别墅（1200平方英尺，约111平方米），都配有起居室，管家储藏室，衣帽间，一个配有私人桑拿房的大浴室，以及一座可以欣赏到无尽美景的私人游泳池。40平方米的私家游泳池周围设有放置舒适躺椅的甲板区，这片宁静之地为人们提供安静的休养环境。

度假村内设施均按照五星标准设置，确保拥有舒适、安静的居住环境，拥有多个设计风格各具特色的房间，堪为大隐隐于市的世外桃源。

二、食体系：能量膳食

在阿南达喜马拉雅度假村，饮食也遵循阿育吠陀体系。厨房准备了 8000 多种有机种植的香料，根据每个人的能量和体质量身定制调理菜单，再配上特制的排毒果汁和香料粉，几乎让每一个体验过的人，都能感受到食疗带来的极致清体排毒效果。

阿南达喜马拉雅度假村的养生美食将阿育吠陀的关键理论融入其中，不仅要考虑味道，还会根据客人的不同身体类型划分阿育吠陀饮食，所有的饮食都坚持以下几个原则：

1. 新鲜、天然的食品，低脂肪和卡路里。
2. 强调全谷物、新鲜水果、蔬菜、瘦肉蛋白、低脂乳制品。
3. 素食、素食主义。
4. 避免添加剂或人工盐、色素、香料或防腐剂。

阿南达养生美食的理念是：强调通过展示厨房，让厨师们指导客人如何在回到家中烹调这些美食，让客人真正地继续这样的生活方式。客人在与酒店的阿育吠陀医师咨询后会得到一份特殊的菜单，是专门为各类失衡体质所量身定制的。

阿南达喜马拉雅度假村的特色餐厅以精美的印度美食和西方美食为特色。基于传统烹饪法的基本观点，餐厅探索出一条现代美食的新思路，强调清淡与健康膳食。餐厅员工会根据客人的入住时间、四季变换，提供不同的菜单。对于选择了养生套餐的客人来说，他们的菜单会根据阿育吠陀理论而特别定制。从阿育吠陀角度来讲，世间万物，包括人们的身体，都是由五种元素—气、空、火、水和土构成。三种能量体质是由五种元素结合而来：风能（Vata），由气和空元素构成；火能（Pitta），由火和水元素构成；水能（Kapha），由水和土元素构成。风能体质倾向于清淡和干燥的食物，为了平衡油性、湿润和浓重的食物，饮食中要使用大量甜味、酸味和咸味成分。相反，火能体质需要凉爽浓重的饮食，用甜、苦、辣的风味来灭火。类似的，水能体质则需要富含苦、辣和涩味的清淡饮食。

阿南达喜马拉雅度假村餐厅大量使用密宗艺术品，使得氛围十分和谐。客人可在聆听美妙的古典音乐的同时，享受美味的食物。根据客人的特殊饮食要求，餐厅的大厨非常乐于提供味觉的盛宴，让客人得到非同一般的入住体验。为了满足多元化的饮食需求，那里还提供丰富的有机蔬菜和香草菜单。阿南达的餐厅建造在一片古老的娑罗双树林中，可以俯瞰瑞诗凯诗的山谷。清晨温暖的阳光或是夜晚闪烁的星星为焕活美食平添了一份迷人的风情。餐厅的菜单包含来自亚洲、欧美的各类美食。

树顶夹板是阿南达喜马拉雅度假村内一片理想的户外餐厅区域，它建造在树梢上，可以让就餐体验与美丽的喜马拉雅山景、清新天然的环境融为一体。在享受异国水疗美食的同时呼吸着新鲜的空气，让湛蓝的天空和繁茂的绿树营造的小夜曲伴在左右。夜晚，随着音乐的伴奏，这个场地为客人带来独特的浪漫用餐体验。位于餐厅内部的观心亭环境优雅舒适，客人可以在此喝些饮料，点份简餐，是聚会的理想场所。

三、疗体系：高端定制

酒店严格遵循阿育吠陀这一古老的生命体系，从古老草药粉的使用，到药油、铜器、木床、治疗仪式以及经过传统阿育吠陀院校培训的合格的理疗师，都体现了这一承诺。与中医类似，阿育吠陀相信预防胜于治疗，通过饮食、瑜伽、冥想、静坐、呼吸、按摩等方式，能让身体重返健康的最佳状态。

（一）阿育吠陀养生咨询

阿南达喜马拉雅度假村为客人提供来自全球各个健康领域的访问专家工作坊。客人在阿南达喜马拉雅度假村的旅程以一对一的专业健康咨询作为开始和结束，度假村的专家将在客人的健康之路上给予指导。

阿育吠陀的医师会检查一个人的"原质"或身体类型，对客人的身体、精神和情绪方面的健康问题进行探索，帮助他们理解自身独特的能量构成，了解3种神秘的身体特质：风向型、暴躁型或是迟钝型。阿育吠陀医师会使用一份问卷评估一个人的100多项特质，从关节强度、寒冷敏感性到性格脾气、压力容忍度等，从而确定客人的体质以及目前的失衡状态。由于原质的不同，相同的疾病治疗方法也可能千差万别，所以阿育吠陀医师会根据客人的体质帮助其定制一系列的体验活动以及饮食和运动计划，从而为身心灵整体的存在带来更多的平衡、能量以及安宁。

（二）国际疗法

阿南达喜马拉雅度假村提供藏式疗法、面部护理、按摩、水疗、美容等一系列特色疗法。度假村内约2200平方米的水疗中心提供广泛的菜单选择，拥有24间理疗室、健身房、室外恒温泳池、水疗房、桑拿房等设施，超过80种的美容美体护理项目将传统的印度阿育吠陀疗法和更多的当代西方水疗方法相结合。这里的水疗体验和疗法主要是通过拉伸调节肌肉，使其作为户外活动和健身活动的补充，力求实现个人身心领域的终极和谐。度假村内的水疗中心备受赞誉，被评为"世界最佳SPA度假胜地"。

与此同时，疗养中心还提供感官芳香疗法、反射疗法中的压力点和压力释放法、藏式疗愈温热裹肤护理等。

（三）阿育吠陀定制体验

阿南达喜马拉雅度假村拥有一支由资格营养师、阿育吠陀医师、水疗专家、瑜伽和健身专家组建的养生团队，他们的目标是为客人获得更为良好的生活方式而做出指导。为满足每个人不同的需求和健康目标，度假村提供由印度当地专业的阿育吠陀医师制定的阿育吠陀疗法套餐，以详细的健康咨询为基础，包括特定的日常养生项目、饮食以及养生活动，同时也提供营养学和健身运动方面的指导。

阿南达喜马拉雅度假村的活力套餐将个人健身、指导性户外徒步、瑜伽、水中健身和理疗性的水疗体验相结合，创造出一套完整的焕活强化体验。度假村与印度领先的健身行业先驱、健身养生领域的专家品牌通力合作，使活力套餐中的健身体验在接受咨询后变得更为个性化，形成以目标为导向的健身方法。活力套餐将健身与趣味性融合，加强心血管和肌肉耐受力。活力套餐会首先评估客人当前的健身水平，确认最适合其当前身体情况的运动，也同时满足客人体验美景的需求。户外健身活动同时有助于人了解身体是如何对室外地形和不可控的运动环境做出反应的，这使得客人更易于发现自身的问题和弱点，从而可以在健身房中得到加强锻炼。

阿南达喜马拉雅度假村的体重管理套餐提供基于科学方法论的可持续性体重管理指导。减重的关键问题就是心灵。大多数体重超重的人都会有形象不佳的困扰。这就是为什么阿南达喜马拉雅度假村的体重管理是世界上少数的几个以冥想为核心的套餐项目。冥想有助于平衡体重管理中的身心问题。该套餐的总体思路是通过支持性的、非倾入性的，但是依旧能达到预期减重效果的方式来实施。该套餐运用最杰出的西方疗法和阿育吠陀疗法，保证该套餐在减轻体重方面安全且高效。阿南达提供理想的环境氛围和绝对的私密性，在这里可以学习如何控制和平衡生活，这正是健康的体重管理最基本的内容。

阿南达喜马拉雅度假村的阿育吠陀焕活套餐通过一些传统的帕奇卡吗排毒疗法来消除体内毒素、恢复活力，同时结合阿育吠陀疗法以及基于不同身体类型的膳食和瑜伽练习，提高机体免疫力。该套餐通过适当的活动模式和饮食习惯来引领一个基于阿育吠陀原则的健康生活方式。焕活套餐包括各种刺激和净化疗程、日常瑜伽、冥想以及根据阿育吠陀生命能量理论定制的饮食，有助于减轻压力，提升健康，改善普通慢性疾病或是延缓衰老。

阿南达喜马拉雅度假村最新的瑜伽排毒套餐运用不同的哈达瑜伽清洁技巧（Shatkriya 六种瑜伽清洁法），以一种更自然和有效的方式进行排毒。阿育吠陀清洁法也被用来平衡人体内的三种能量。在瑜伽排毒套餐中，瑜伽体位（哈达瑜伽姿势）、呼吸课程（瑜伽呼吸技巧）、冥想以及瑜伽/阿育吠陀饮食协同作用，结合哈达瑜伽清洁技巧，带来生命力与平和的深刻体验。

（四）瑜伽私教

在入住阿南达喜马拉雅度假村期间，客人可以选择丰富的瑜伽课程，有一对一哈他瑜伽课、Gatyatmak 课程、克里亚瑜伽和瑜伽呼吸法训练等。经验丰富的瑜伽老师会倾听个人的宗旨和目标，专业的瑜伽教练会根据客人的目标，然后定制个人瑜伽和冥想套餐，协助客人找到平衡而和谐的自己，开启传统瑜伽旅程。

阿南达的瑜伽是完全纯粹的，采用传统形式，源自哈他瑜伽（Hatha yoga），并且经过改良以适应个人需求。这是一个严谨的科学体系，涵盖生活的各个方面，在不同的方式和层次上创造身心灵的平衡。在课程中客人将通过对话得到更多的关注，并且课程会专门针对个人需求做出适当调整。每一个姿势都会有手动调整的过程，这将有助于了解肌肉群与相关身体部位的关系。为了更深入地了解身体部位参与每个瑜伽动作的过程，瑜伽老师会将意识引领到特殊领域，进而提高身体的自然直觉。

动态瑜伽（Gatyatmak）的核心在于体验自身的活力，动态瑜伽（Gatyatmak）面向中高级的瑜伽练习者，该课程中所选取的传统哈他瑜伽的动作是在自然的动态变化中的。全部瑜伽课程围绕两大传统动态瑜伽姿势序列展开，分别是拜日式和拜月式，这两大高效的动态瑜伽动作主要关注身心系统的节奏、精力和活力。

由于地处瑜伽的发源地，阿南达喜马拉雅度假村的瑜伽老师人人都是高手，但他们并不教授高难度的体式，而是从呼吸、冥想、唱诵、经法入手。

这是瑜伽的基本功法，也是在城市里最难学到的部分。在老师的引导下客人往往能够达到潜意识的入口，让隐藏在潜意识下的紧张情绪得到释放。

瑜伽冥想课程的核心在于深度瑜伽放松技巧，意思是"精神睡眠"，是一种有意识的睡眠，介于清醒和睡眠之间的临界状态。它是一个引导放松的过程，在放松的过程中平息意识的剧烈活动，唤醒觉知以及潜意识里强大的疗愈潜力。在瑜伽冥想课程中，引导者处于潜意识层面的入口处，能够看到人们隐藏在意识之下的紧张情绪的释放。

脉轮净化冥想的核心在于脉轮清洁技巧，意思是"能量/精神中心的净化"，是昆达里尼瑜伽（Kundalini Yoga）中非常重要的技巧之一。

此外，阿南达喜马拉雅度假村还提供内观冥想——见证思考的艺术；赞词念诵冥想——无意识的颂歌产生的冥想意识；意识空间冥想——自我观想；情绪释放冥想——情绪能量的净化；烛光凝视冥想——烛光冥想等课程。

四、娱体系：丰富多彩

为丰富客人的日常活动，满足不同客人的需求，阿南达喜马拉雅度假村提供水中健身、烹饪、高尔夫、健身房、漂流、游泳、壁球、徒步旅行、瑜伽等课程。其中最有特色的是吠檀多课程。

吠檀多的意思是知识的顶峰。这种古老的印度哲学回答了生命的基本问题。吠檀多通过对于永恒真理逻辑性和系统性的论述，展示出对于幸福的追求。它不是建立在个体基础之上，而是由杰出的追求真理者探索出的知识体系。吠檀多促进了物质和精神的幸福，将动态行为与心灵平和相结合。同时阿南达度假村将吠檀多课程作为核心，与度假村服务相融合，使得服务具有更高的价值，吠檀多所具有的价值理念为整个社区带来繁荣与和平。

野生之旅项目提供前往拉嘉吉（Rajaji）国家公园的行程。此国家公园占地方圆820平方千米。这里有超过500头大象、12只老虎、250头黑豹，以及品种优良的猎物，包括梅花鹿、水鹿、野猪、麂、斑羚，还有喜马拉雅黑熊和树懒，以及超过400种的鸟类，是完美的野生动物栖居地和观鸟胜地。Chilla野生动物保护区对外开放，是观赏野生动物的最佳场所。这里同样景色优美，能够欣赏到壮观的恒河、北部的喜马拉雅山脉，以及一大片供水鸟栖息的水库。公园紧挨着哈德瓦县的宗教中心，距离瑞诗凯诗约20千米。水面上方竖立着一座瞭望塔，一条车道延伸至公园附近，沿途可以观赏野生动物，成群的梅花鹿也很常见。Chilla 野生动物保护区能够看到的其他动物还有野猪、黑鹿、灰叶猴、红色恒河猕猴、赤麂、孔雀、鹌鹑、犀鸟、老鹰、猎鹰、秃鹰和许多其他猛禽。

阿南达喜马拉雅度假村提供两条徒步线路，可让人充分享受大自然的滋润。"Laxman Jhula" 线远足距离为 9 千米，时长为 3 小时，这是一种下山形式的远足体验，需要穿过葱翠的萨尔森林（Sal forests）。另一条线路是 Kunjapuri（库娘普里）寺远足线，Kunjapuri 耸立在海拔 1645 米的高峰上，是为了纪念沙克蒂女神（Goddess Shakti）和湿婆神（Lord Shiva）而建，位于度假村所在的喜马拉雅山峰以北 14 千米处。在白雪覆盖的喜马拉雅山脉以及日出或日落的神圣景象中唤醒人的灵性。徒步由度假村瑜伽团队指导，这 3~4 个小时的远足体验的加入，使得令人愉悦的阿南达之旅变得更加合理和丰富。

阿南达喜马拉雅度假村还组织参观恒河的祭河仪式。祭河仪式通常在宗教仪式或是礼拜快结束时唱诵，抑或是在每天的清晨和夜晚，将它作为一种赞颂至高无上的神的欢乐仪式进行单独唱诵。祭河仪式所使用的火光在印度具有多种含义，一方面人们认为它代表着灵性认知的亮光，真理的光芒，另一方面，认为使用樟脑作为燃料来点亮火光，樟脑会最终燃尽消失，不留痕迹，这也就意味着在真理的光芒下，自我的完全毁灭，或者是自我与宇宙相融合而发出的亮光。参加瑞诗凯诗镇的恒河祭河仪式是一次难忘的灵性体验，这里的祭河仪式在每晚太阳落山时，在恒河岸边的帕玛斯尼克檀精舍（Parmarth Niketan Ashram）举行，是一件能够愉悦身心，与各类元素融洽相处的活动。在这一仪式中，火、水、土、空气等元素相互结合，产生完美的协同作用，让人有一种见证完美的感觉。这一纪念仪式持续一个半小时，从唱诵圣歌和"雅佳纳（Yagna）"礼拜仪式或者圣火仪式开始，在这个过程中，将神圣草药和酥油的混合物（澄清的黄油混合物）倒入火中，用以消除负面能量；然后以祭河仪式结束，此时，在印度人眼中，恒河在物质层面上为万物之源，而在精神层面上则象征着永恒的生命轮回。祭河仪式由古鲁（Guru）主持，身披袈裟的弟子们唱诵拜赞歌（赞美诗），熏香和樟脑燃烧所散发的香气弥漫在空气中，无数的河灯发出迷人的光亮，湍急的水流声，夕阳的余晖洒在波光粼粼的流水上，人们在和谐的摆动中倾泻强烈的情感，所有的这些相结合，通过各种感官营造出微妙的灵性氛围。

体验位于恒河的白浪漂流也是入住阿南达喜马拉雅度假村的一次极好体

验。恒河起源于喜马拉雅山加瓦尔地区（Garhwal）的高穆克（Garhwal），在恒河水域漂流是一次难得的体验，值得珍惜。经历一路上的险滩，感受水的力量与野性，从而能够磨炼自己的精神，获得成就梦想的特别的能量。

阿南达喜马拉雅度假村目前还提供一种无缝的豪华旅游体验，服务开始于客人踏入印度的那一刻，然后直到旅程结束。如果想在闲暇时间探索印度首都新德里，在新德里的历史和文化氛围中尽情沉醉，或是辗转古尔冈，度过极致的一夜或一天，阿南达喜马拉雅度假村都将为客人提供全程的舒适服务、奢华的住宿体验，以及独享的税率水平。抵达新德里时，如果预订了任何一家合作酒店，酒店人员将提供接机服务，并且一路护送至酒店；如果住客希望直接从国际机场到国内其他机场转机去阿南达度假村或是德里火车站，度假村也可以根据要求和预订情况提供相应的接送服务。

在阿南达喜马拉雅度假村的精心调理下，饱经生活压力的现代人能够有效地排毒清体，偏头痛、压力、失眠以及一些慢性疾病等也将有所缓解或被治愈，身、心、灵都在发生整体的改变。

欧普拉曾多次在博客里写道："阿南达喜马拉雅度假村之旅不仅是一次旅行，更是一次朝圣。这是一个提升生命品质的过程，每个时刻都用于培养对当下的感知。"

从地理位置到建筑本身，再到养生方法，阿南达喜马拉雅度假村的一切无一例外地采用最传统、最古老的方式呈现。它不去刻意修饰现代感，只是自然而完整地传承。世界养生酒店联盟（HHOW）的创始人 Anne 一直将阿南达喜马拉雅度假村视作旗下酒店的代表，不仅仅因为它是世界养生酒店联盟的第一家成员，更因为其完美体现了世界养生酒店联盟的哲学——"身、心、灵合一的养生"。

第四节　阿南达喜马拉雅度假村发展特色：释放压力，调养身心

一、阿南达喜马拉雅度假村核心功能：高山养生

阿南达喜马拉雅度假村坐落在喜马拉雅山脚下，靠近神话城市赫尔德瓦尔和瑞诗凯诗。度假村掩映在幽雅的娑罗树森林中，客人们可以俯瞰恒河蜿

蜒曲折向远方流去。在这里寻找迷失的自我，重拾意志和灵魂，成为众多到访游客的心愿。他们认为这不仅是一个回归，同时也会重新定义自己的生活方式。同时，这里将印度古法养生与国际化的健康理念相结合，提供给客人全身心的护理。

二、阿南达喜马拉雅度假村配套功能：休闲设施

阿南达喜马拉雅度假村配备完善的餐饮、住宿、会议和休闲娱乐设施，还包括当地独有的 SPA 和瑜伽疗养。除此之外，在阿南达还可购买纯手工制作的富有地方特色的精美纪念品。

参考资料

[1] 世界上第一座慢城——奥尔维耶托：悬崖上的千年古镇［DB/OL］. https：//baijiahao.baidu.com/s?id=1582324853015021696&wfr=spider&for=pc, 2017-10-26.

[2] 金秋悠游. 探秘教皇的避难地——奥尔维耶托［EB/OL］.［2012-08-11］. http：//blog.sina.com.cn/s/blog_57525161010195p1.html.

[3] 世界第一个慢城——意大利奥尔维耶托［EB/OL］.［2013-02-16］. http：//www.yogeev.com/article/27335.html.

[4] Wikipedia.Orvieto［EB/OL］. https：//en.wikipedia.org/wiki/Orvieto.

[5] Lonely plant. Italy Orvieto［EB/OL］. https：//www.lonelyplanet.com/italy/umbria-and-le-marche/orvieto.

[6] 姜晓伟."特色小镇"影响下的品牌小镇构建研究——以南京桠溪国际慢城小镇为例［J］. 中共桂林市委党校学报, 2017, 17（03）：59-61.

[7] 左年生. 高淳桠溪入选首批中国特色小镇［N］. 南京日报, 2016-10-15（A01）.

[8] 李子俊. 高淳桠溪打造"慢城联盟"［N］. 南京日报, 2016-06-01（A01）.

[9] 陈玉雪, 李娜, 陈鹏. 南京高淳桠溪慢旅游地形象认知——基于游记文本分析法［J］. 旅游纵览（下半月）, 2016（04）：185-188.

[10] 郑旻昱. 高淳傩舞"桠溪跳五猖"研究［D］. 南京：东南大学, 2015.

[11] 邵隽, 李昭. 慢城的可持续发展［J］. 城市发展研究, 2015, 22（01）：66-71+78.

[12] 荐晓峰,涂钧,万乐等.对城市慢行系统及慢行空间景观营建的研究——以南京桠溪国际慢城为例[J].江苏农业科学,2014,42(06):221-222.

[13] 何霞.高淳:推动国际慢城发展 全力打造绿色城镇[J].中国信息界,2014(02):92-96.

[14] 尹燕,李文君.乡村旅游的可持续发展研究——以高淳区桠溪镇为例[J].农村经济与科技,2013,24(11):98-99.

[15] 李莉."慢城"景观:引领新生态生活——高淳桠溪国际慢城度假村景观规划设计初探[J].大众文艺,2012(15):55-56.

[16] 吴卫国.崇生态 尚绿色 塑品质——彰显"慢城"风采,建设幸福高淳[J].群众,2011(10):47-48.

[17] 孔育红.基于"慢城"理念的高淳乡村旅游开发研究[D].南京:南京农业大学,2014.

[18] 王雅君.分析"国际慢城"理念的时代背景和发展内涵[J].旅游纵览(行业版),2012,(06):155-156.

[19] 栾习芹."慢城运动"引领城市新生活——意大利"慢城"生活侧记[J].世界科学,2008,(02):39-41.

[20] 曾凤娇.慢城理念在成都农家乐中的初探[D].成都:四川农业大学,2013.

[21] 朱晓清,甄峰,蒋跃庭.国外慢城发展情况及对中国城市发展的启示[J].城市发展研究,2011,(04):84-90.

[22] 潘治红.国际慢城[J].地理教育,2013,(12):57.

[23] 黄华,朱喜钢,赵宁曦.慢城、慢旅游及其旅游规划运用[J].浙江农业科学,2013,(06):741-744.

[24] 曹宁,明庆忠."慢旅游"开发的基本理念与开发路径探讨[J].旅游论坛,2015,(01):81-86.

[25] 谭晓芳.休闲"漫游"的意义和策划[J].交广传媒策划营销机构,2009,(4):15.

[26] 龚坚.国际慢城运动及其对我国城市建设的启示[J].合肥学院学报(社会科学版),2014,(06):56-59.

[27] 崇婧,潘鎏.国内外慢城旅游案例分析研究[J].山西建筑,2012,

（30）：13-15.

[28] 勒德罗英国小镇［EB/OL］. http：//www.youuk.com.cn/Video_view.asp?viewid=70&typeid=4.

[29] 英国慢城勒德罗［EB/OL］. http：//travel.ifeng.com/roll/detail_2011_07/06/7459945_0.shtml.

[30] 英国小镇勒德罗［EB/OL］. http：//www.120otc.com/a/2017/1020/42978.html.

[31] Ludlow［EB/OL］. https：//en.wikipedia.org/wiki/Ludlow.

[32] Getting a taste for Ludlow［EB/OL］. http：//www.telegraph.co.uk/travel/736543/Getting-a-taste-for-Ludlow.html.

[33] Ludlow - Gastronomic capital of Shropshire［EB/OL］. https：//www.shropshiretourism.co.uk/town/ludlow.html.

[34] Ludlow & South Shropshire website［EB/OL］. https：//www.ludlowsouthshropshire.co.uk/.

[35] Ludlow Marches Food and Drink Festival［EB/OL］. http：//www.foodfestival.co.uk/.

[36] 欧阳心怡. 基于健康旅游理念的山地森林旅游度假区规划研究［D］. 中南林业科技大学，2017.

[37] 陈培. 养生旅游度假区自然养生环境的景观设计研究［D］. 中国林业科学研究院，2013.

[38] 郜维超. 城郊型旅游度假区发展模式研究［D］. 安徽大学，2012.

[39] 朱婷. 养生旅游度假区规划策略研究［D］. 华中科技大学，2011.

[40] 刘家明. 旅游度假区发展演化规律的初步探讨［J］. 地理科学进展，2003（02）：211-218.

[41] Peter Duchessi, Eitel J.M. Lauría. Decision tree models for profiling ski resorts' promotional and advertising strategies and the impact on sales［J］. Expert Systems With Applications，2013，40（15）.

[42] François-Charles Wolff. Lift ticket prices and quality in French ski resorts: Insights from a non-parametric analysis［J］. European Journal of Operational Research，2014，237（3）.

[43] 朱虹. 大力发展健康养生休闲度假旅游［J］. 江西科技师范大学学

报，2015（05）：1-6.

［44］杨铭铎，陈心宇.休闲、养生、度假旅游概念辨析［J］.黑龙江科技信息，2009（29）：109+316.

［45］世界顶级养生度假区开发：产业链如何延伸？［EB/OL］.［2014-11-09］.http：//down.winshang.com/ghshow-276.html.

［46］依云小镇［EB/OL］.［2015-10-15］.https：//www.wenji8.com/p/1d6xXdB.html.

［47］如何打造特色小镇［EB/OL］.［2015-05-17］.http：//www.360doc.com/content/15/0517/12/471722_471188300.shtml.

［48］柒石.从国外风情度假小镇看旅游小镇发展模式［J］.中国房地产，2015（5Z）：56-59.

［49］旅游小镇开发，你不得不知道的秘诀［EB/OL］.［2016-12-07］.https：//www.weixin765.com/doc/ezdhknqf.html.

［50］温燕，金平斌.特色小镇核心竞争力及其评估模型构建［J］.生态经济，2017，33（06）：85-89.

［51］张鸿雁.论特色小镇建设的理论与实践创新［J］.中国名城，2017（01）：4-10.

［52］白小虎，陈海盛，王松.特色小镇与生产力空间布局［J］.中共浙江省委党校学报，2016，32（05）：21-27.

［53］罗东哲.做好"山水"文章，七里坪打造全域旅游风景网［N］.衢州日报，2016-08-17（003）.

［54］阮科杰.峨眉半山七里坪度假区旅游产品现状及提升策略［J］.商，2016，（25）：284.

［55］姜必刚.旅游地产：合理构建休闲度假与健康养生［N］.四川日报，2011-08-04（013）.

［56］李代华.发展旅游产业，七里坪巧打三张"牌"［N］.四川日报，2011-04-13（012）.

［57］乐山仁.七里坪度假物业发展战略解读［N］.四川日报，2010-06-24（015）.

［58］智房网.峨眉半山七里坪斥20亿打造四大养生体系［EB/OL］.［2014-10-21］.http：//www.zhifang.com/news7/15567.html?winzoom=1.

[59] 智房网.高标准、大投入,七里坪迈向全国最具吸引力旅游度假区[EB/OL].[2011-12-08]. http://www.zhifang.com/news7/4156.html?winzoom=1.

[60] 智房网.峨眉半山七里坪开启"文化清肺之旅"[EB/OL].[2014-03-20]. http://www.zhifang.com/news7/12463.html?winzoom=1.

[61] 智房网.峨眉半山七里坪打造常居型旅游地产[EB/OL].[2014-02-19]. http://www.zhifang.com/news14/11952.html?winzoom=1.

[62] Xundheitswelt[EB/OL].https://www.xundheitswelt.at/philosophie.html.

[63] Prater L F. The healing garden[J].Successful Farming 2006, 104(4): 60-62.

[64] 魏敏.基于养生理念的农业观光园规划设计研究——以南京止马岭养生农业观光园为例[D].南京:南京农业大学, 2013.

[65] 刘芮君.基于养生理念的洛阳溪鸣山庄休闲农业园规划设计[D].郑州:河南农业大学, 2015.

[66] 赞那度.喜马拉雅山 Ananda 度假村阿育吠陀养生之旅[EB/OL].https://zanadu.cn/bundle/996.html.

[67] 王雄伟.养生酒店:健康生活新选择[J].中国质量与品牌, 2006, (05): 66-67.

[68] 阿南达喜马拉雅山度假村, 印度瑞诗凯诗[EB/OL]. http://www.cncn.net/blog/530078.

[69] 禾零聚焦:Ananda In The Himalayas 养生酒店, 印度[EB/OL]. http://www.hhow.com.cn/page264.

优秀图书推荐

北京旅游形象国际传播方案
ISBN 978-7-5637-3577-8
作者：邹统钎

活动策划实战全书
ISBN 978-7-5637-3542-6
作者：【美】朱迪·艾伦　卢涤非主译

酒店服务质量管理：理论、实践与案例
ISBN 978-7-5637-3521-1
作者：李彬　孙怡

中国研学旅行发展报告 2017
ISBN 978-7-5637-3741-3
作者：中国旅游研究院

"营改增"微观效应研究
ISBN 978-7-5637-3745-1
作者：陆勇

酒店管理信息系统：理论、实践与前沿 第 2 版
ISBN 978-7-5637-3687-4
作者：吴联仁　李瑾颉

旅游电子商务企业案例分析 第 2 版
ISBN 978-7-5637-3696-6
作者：欧海鹰　刘永胜　编著

旅游文化创意与规划
ISBN 978-7-5637-3572-3
作者：北京巅峰智业旅游文化创意股份有限公司课题组
课题负责人：刘馥馨　王玉海

旅游全产业链创新：巅峰之路
ISBN 978-7-5637-3579-2
作者：北京巅峰智业旅游文化创意股份有限公司课题组

旅游创新开发：巅峰案例
ISBN 978-7-5637-3580-8
作者：北京巅峰智业旅游文化创意股份有限公司课题组

图解文旅特色小镇开发理论与实践
ISBN 978-7-5637-3702-4
作者：北京巅峰智业旅游文化创意股份有限公司课题组
课题负责人：刘馥馨　王玉海

以上图书的电子版，在 APP【来阅读】书城可阅读。本 APP 由旅游教育出版社联手"阅门户"团队尽心打造。
【来阅读】，与趣味相投的人一起阅读。请扫描二维码下载使用。

【来阅读】

与趣味相投的人一起阅读
请扫描二维码下载使用